境界性パーソナリティ障害の
背景を読み解く

金正恩の精神分析

張景俊 著／中藤弘彦 訳

JN137517

えにし書房

本書は경계성 성격장애를 보이는 김정은의 정신세계—정신의학자가 분석한 북한 통치자 김정은의 가계와 성장, 정신병리— (ISBN978-89-5959-463-4) 장경준　한솜미디어 (2017) の全訳である。

金一族家系図

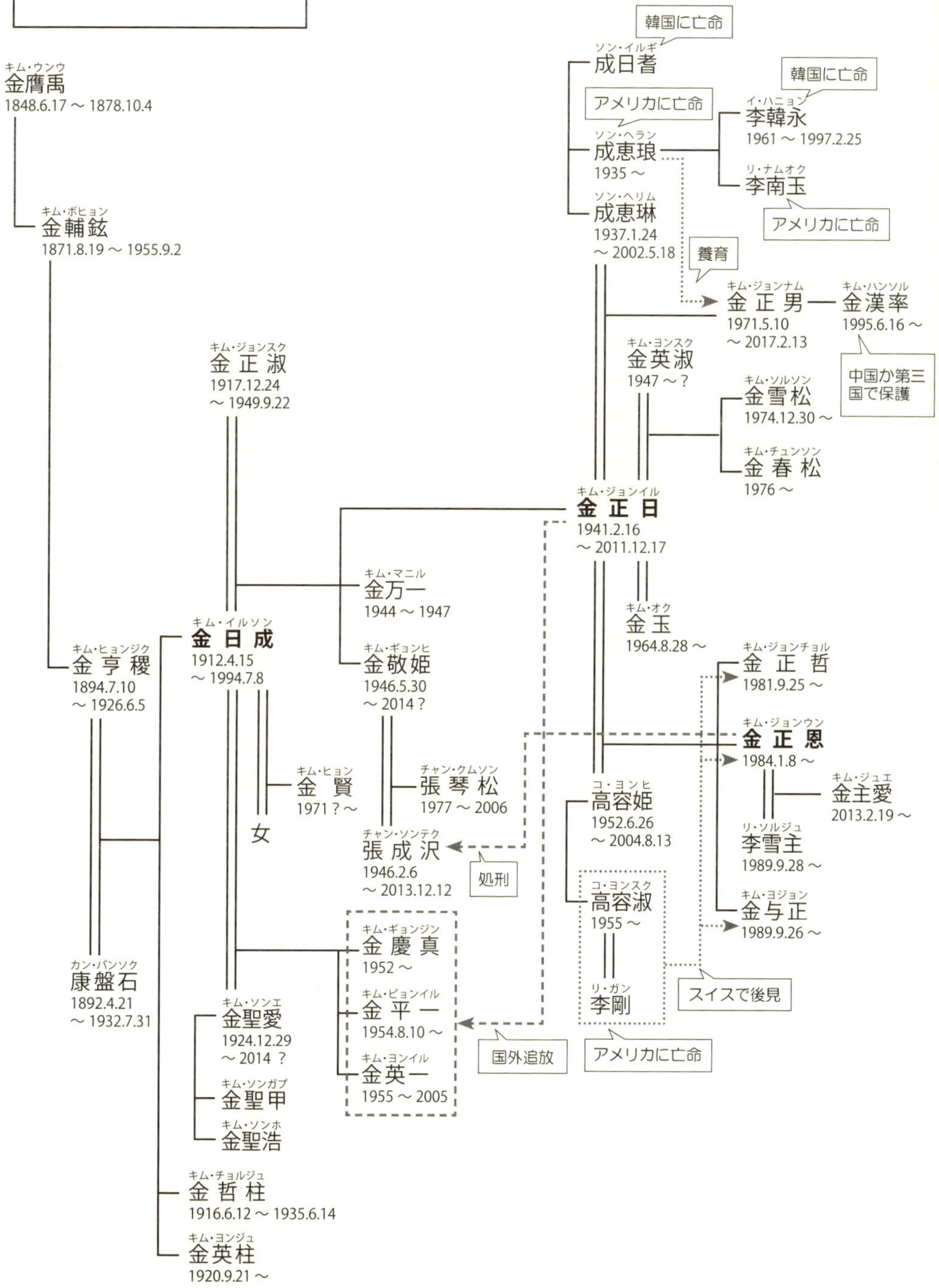

金膺禹《キム・ウンウ》
1848.6.17 ～ 1878.10.4
金輔鉉《キム・ボヒョン》
1871.8.19 ～ 1955.9.2
金亨稷《キム・ヒョンジク》
1894.7.10 ～ 1926.6.5
康盤石《カン・バンソク》
1892.4.21 ～ 1932.7.31
金日成《キム・イルソン》
1912.4.15 ～ 1994.7.8
金正淑《キム・ジョンスク》
1917.12.24 ～ 1949.9.22
金哲柱《キム・チョルジュ》
1916.6.12 ～ 1935.6.14
金英柱《キム・ヨンジュ》
1920.9.21 ～
金聖愛《キム・ソンエ》
1924.12.29 ～ 2014 ?
金聖甲《キム・ソンガプ》
金聖浩《キム・ソンホ》
金賢《キム・ヒョン》
1971 ? ～
女
金万一《キム・マニル》
1944 ～ 1947
金敬姫《キム・ギョンヒ》
1946.5.30 ～ 2014 ?
張琴松《チャン・クムソン》
1977 ～ 2006
張成沢《チャン・ソンテク》
1946.2.6 ～ 2013.12.12
処刑
金慶真《キム・ギョンジン》
1952 ～
金平一《キム・ピョンイル》
1954.8.10 ～
金英一《キム・ヨンイル》
1955 ～ 2005
国外追放
金正日《キム・ジョンイル》
1941.2.16 ～ 2011.12.17
成日耆《ソン・イルギ》
韓国に亡命
成恵琅《ソン・ヘラン》
1935 ～
アメリカに亡命
李韓永《イ・ハニョン》
1961 ～ 1997.2.25
韓国に亡命
李南玉《リ・ナムオク》
アメリカに亡命
成恵琳《ソン・ヘリム》
1937.1.24 ～ 2002.5.18
養育
金正男《キム・ジョンナム》
1971.5.10 ～ 2017.2.13
金漢率《キム・ハンソル》
1995.6.16 ～
中国か第三国で保護
金英淑《キム・ヨンスク》
1947 ～ ?
金雪松《キム・ソルソン》
1974.12.30 ～
金春松《キム・チュンソン》
1976 ～
金玉《キム・オク》
1964.8.28 ～
高容姫《コ・ヨンヒ》
1952.6.26 ～ 2004.8.13
高容淑《コ・ヨンスク》
1955 ～
李剛《リ・ガン》
アメリカに亡命
金正哲《キム・ジョンチョル》
1981.9.25 ～
金正恩《キム・ジョンウン》
1984.1.8 ～
金主愛《キム・ジュエ》
2013.2.19 ～
李雪主《リ・ソルジュ》
1989.9.28 ～
金与正《キム・ヨジョン》
1989.9.26 ～
スイスで後見

【おことわり】

本文中、（　）は原書による注です。訳者によるものについて、〔　〕内は語句説明及び注、［　］内は可読性のための補筆です。

はじめに

二〇一一年一二月一七日、朝鮮民主主義人民共和国（以下、北朝鮮）の最高指導者であった金正日《キム・ジョンイル》が死亡、同日、三男の金正恩《キム・ジョンウン》が同国の最高統治者としての地位を継承した。

一九八四年一月八日に金正日と高容姫《コ・ヨンヒ》の間に生まれた金正恩は、わずか二七歳の若さで祖父（金日成《キム・イルソン》）と父に続き、三代目として北朝鮮を統治することになった。国内外の多くの北朝鮮専門家は、金正恩が政権を掌握すれば数年以内に崩壊するだろうと予測したが、完全に外れた。金正恩はいまだ北朝鮮で政権運営し、表面的には健在にみえる。

金正日が父の権力を継いだのは、一九九四年七月八日に金日成が死亡したときだ。その後、金正日は最高指導者として統治する一七年の間に二度、すなわち二〇〇六年一〇月九日と二〇〇九年五月二五日に核実験を行った。これに対し、金正恩は権力を継いでわずか五年の間三回の核実験（二〇一三年二月一二日、二〇一六年一月六日及び同年九月九日）を強行している。こうして、七五〇〇余万人が生きている朝鮮半島を核危機という事態に直面させている。

また、金正恩はこの間に三〇〇名以上を銃殺するなどして粛清した。代表的な例を挙げよう。二〇一三年一二月、叔父の張成沢《チャン・ソンテク》が権力を奪取しようとしたとして、対空火器である高射銃で処刑のうえ死体を焼却。二〇一五年四月、玄永哲《ヒョン・ヨンチョル》（人民武力部長）を盗聴のうえ、体制批判をしたという理由で高射銃により処刑。二〇一六年七月、金正恩の演説中に眼鏡を拭くなど不良な態度がよくなかったという罪状で、金勇進《キム・ヨンジン》（内閣副首相）を銃殺……。

ふつうの常識を備えていれば、このような断片的な事実に接するだけで、金正恩は周りの人々を強く疑い、予測不可能な衝動的攻撃性と制御不能な怒りによる加虐的残酷性などを併せ持ったパーソナリティ障害を抱えているのではないか、と容易に推測できる。

こうした障害を抱えた金正恩ただ一人によってすべてのことが決定される特異な政治構造を持った国家が、北朝鮮である。現代社会でこのような国家が存在すること自体が、とうてい理解できない現象である。

筆者は金正恩が政権を掌握して以来、彼が我が民族〔朝鮮民族〕の未来にどのようなマイナスの影響を及ぼすのか、いつも憂慮してきた。

精神科の専門医である筆者は、その専門知識と臨床経験をもとに、金正恩の正常とはいえない精神世界を分析することによって、愛する祖国が統一される際にわずかながらも役に立ちたいという思いで、本書の執筆を決めた。もちろん、精神分析は個別的に、いわゆる「深層面接」を通して行われるのが筋である。しかし、金正恩に直接面談し、それを進めることは不可能だ。

しかし、幸いなことに多くの優れた北朝鮮研究者がいる。彼らが金正恩について発表した書籍や資料をもとに、筆者は間接的な方法で金正恩の精神世界を分析することにした。

最後に、筆者は妻の李晶秀《イ・ジョンス》博士と娘の張海麟《ジャン・ヘリン》博士に感謝をしたい。個人的な理由で、筆者は本書の執筆をためらう時期があった。しかし二人は、「絶対に書き遂げるように」と強く説得し、側で懸命に励ましてくれた。

5

著者　張景俊《ジャン・キョンジュン》

金正恩の精神分析——境界性パーソナリティ障害の背景を読み解く／目次

第Ⅱ部　金正恩の精神病理……125

第Ⅲ部　金正恩の未来……177

金正恩の母の高容姫は、在日僑胞〔韓国での在日コリアンの呼び名〕の出身である。北朝鮮では在日僑胞は「チェッポ」と呼ばれ、卑しい階層である。在日僑胞出身者は、日本の植民地時代時に抗日運動をせず、それどころか日本に渡り、日本に協力して豊かに暮らしたと北朝鮮では考えられている。そのため彼らに対する信用は低く、公職や大学進学などで不利益な立場にあるとされている。このような北朝鮮の現実を鑑みれば、在日僑胞出身の高容姫が大きな心理的負担を受けていたことは想像に難くない。

二〇一七年、金正恩は政権掌握から六年目を迎えた。しかし、一月八日の誕生日に、祖父の金日成や父の金正日のように公式の祝賀行事を行わなかった。母の出身が関係しているのではないかと考えられている。誕生行事をすれば、金正恩は当然、母のことに触れなければならない。しかし、母が在日僑胞出身であると北朝鮮の人民に知られれば、北朝鮮で密かに出回っている「金正恩は白頭血統ではなく、富士山筋にすぎない」という噂が事実となり、金正恩の白頭血統主張に致命傷を与えかねない。

高容姫と金正日の間には、一九八一年に金正哲《キム・ジョンチョル》、一九八四年に金正恩、そして一九八九年に金与正《キム・ヨジョン》が生まれた。ところが、金正日にはすでに、最初の妻である成恵琳《ソン・ヘリム》との間に金正男《キム・ジョンナム》（一九七一年生まれ）、二番目の妻である金英淑《キム・ヨンスク》との間に金雪松《キム・ソルソン》（一九七四年生まれ）がいた。

金英淑には男子が産まれなかったものの、金正日の四人の妻のなかで唯一、金日成が直接に決め公式に認められた「正妻」である。したがって、金英淑は金王朝の正式な「王世子〔皇太子〕妃」に相当すると考えられる。さらに、娘の金雪松は幼いときから総明で、金日成が膝に乗せて甘やかしていたほどだったという。

このような金王朝の状況から察すると、三番目の妻である高容姫は、一九九四年七月八日に金日成が死亡し、その後、金正日が権力を完全に世襲するまで、決して安定した情緒ではなかったと考えられる。

情緒不安定な状態で妊娠すれば、それが胎児に悪影響を及ぼす可能性もある。このような状況で生まれた子どもが成長すれば、金正恩のような偏執症、誇示主義と誇大妄想、復讐幻想、予測不可能な衝動性、低レベルの道徳性発達など、さまざまな精神病理的な困難が出てくる可能性が高い。

第Ⅰ部
金正恩の家族背景

精神科専門医が一人の人間の精神世界を分析するためには、その人と何回か直接対面し、彼が人生において両親を含む周りの人々とどのように関わってきたのか、その経験及び感情、そして彼が見る夢までも分析の対象とし、把握する必要がある。

しかし、時間をかけて何度も金正恩に直接面接することは、現実的に筆者には不可能である。そこで筆者は、本書の末尾に挙げたような金正恩に関する様々な参考文献から得た事実をもとに、彼の精神世界を分析しようと試みた。

まず、金正恩を精神分析するためには、彼の半生を把握することが最も重要である。産声を上げたばかりの赤ん坊がすぐに、たった一人でこの世界で生きていくことはできない。自立した生活をする前に、家族の支援は必須である。また、自立後も周囲の人々との相互作用を繰り返し、社会のなかで生きていく。この意味でも、金正恩の精神世界を分析するためには彼を取り巻く人々、そのなかでも特に、家族に対する理解から始めなければならない。

金正恩から六代前の金膺禹《キム・ウンウ》は墓守で、一八六〇年頃に平壌《ピョンヤン》郊外の万景台《マンギョンデ》に定着したという。北朝鮮の歴史では、彼は朝鮮時代末期の一八六六年（高宗三年）八月にアメリカ商船「ジェネラル・シャーマン号」が大同江《デドンガン》を遡って平壌に至り強圧的に通商を要求したとき、同船を攻撃し燃やした事件の主要人物であったという。

しかし、ジェネラル・シャーマン号事件と関わって発生した「辛未《シンミ》の役」（一八七一年、アメリカが事件を理由に朝鮮を強制開港させようと、軍艦五隻を先行させて武力侵略した事件）の記録からは、「金膺禹」という名の人物は見当たらない（李相哲、二〇一二）。

このような事実から察すると、北朝鮮が主張するようなジェネラル・シャーマン号事件に関わる金膺禹の行動は、金王朝のおとぎ話、すなわち、偶像化作業の一環にすぎないと判断できよう。

金正恩の高祖父（五代前）である金輔鉉《キム・ボヒョン》（一八七一～一九五五年）は金膺禹の一人息子で、小作農として生きた。彼には息子三人と娘二人がいた。長男が金亨稷《キム・ヒョンジク》（一八九四～一九二六年）で、金正恩の曾祖父にあたる。

金亨稷は一九〇八年に二つ歳上の康盤石《カン・バンソク》（一八九二～一九三二年）と結婚し、息子と娘が三人ずつ生まれた。その長男が、金正恩の祖父であると同時に金王朝の始祖となる金日成（一九一二～一九九四年）である。

金亨稷は平壌の崇実《スンシル》中学校を卒業し、その後、教師生活を経て独学で医学を学んだという。抗日運動をしたことでも知られ、一九二六年 六月に三二歳の若さで死去した。

なお、曾祖母である康盤石の実父・康敦煜《カン・ドヌク》（一八七一～一九四三年）は、キリスト教長老派の牧師であると同時に教育者でもあったが、娘を学校に通わせなかった。その理由は明らかではない。

現在、北朝鮮を統治している金正恩の家族関係を理解するためには、少なくとも祖父の金日成、父の金正日、そして金正恩自身の三代にわたる家族歴を詳しく調べる必要があるだろう。以下、順に見ていくことにする。

一　金正恩の祖父、金日成

金日成は一九一二年四月一五日に平安南道大同郡《ピョンアンナムドデドングン》で生まれた。出生名は「金成柱《キム・ソンジュ》」である。

一九一九年、一家は平安南道大同郡から鴨緑江《アムノクガン》対岸にあたる満洲の臨江地域〔現在の中国東北部〕に移住し、翌一九二〇年、金日成は臨江小学校に入学した。金日成の父・金亨稷はその地に「順天医院《スンチョン》」という診療所を開いた。

金亨稷はその後も抗日運動を続けたため、家族は臨江地域よりさらに安全な土地を求め、長白県（満州）に移住した。金日成も同県の八道溝にある小学校に転校し、金亨稷はそこでも診療所（「広済《クァンジェ》医院」）を開いた。

一九二三年、金日成は父の決定に従い、家族から離れて一人で母の故郷である平安南道大同郡古平面《コピョンミョン》にある彰徳《チャンドク》学校に通った。当時の校長は、金日成にとって外祖父にあたる康敦煜だった。満洲からアヘンを北朝鮮に密輸していたことが発覚した金亨稷は一九二四年に逃走を図ったが、ひどい凍傷に罹る。この事件により、一家は八道溝から満洲の撫松に移住する。

翌一九二五年、金日成は彰徳学校から家族が暮らしている地にある撫松第一小学校に転校し、一年後に卒業する。

金亨稷は凍傷の後遺症によって一九二六年 六月五日、三二歳の若さで死去した。金日成がまだ一四歳のときだった。

一九二七年、金日成は中国吉林省にある毓文中学校二年生に編入した。在学中は政治活動にたいへんな関心を寄せ、その情熱は衰えることがなかった。一七歳のときの一九二九年には、共産主義青年運動に関係したという疑いを受け、吉林省の監獄に収監されたが、一年後に出所する。

以後、金日成は満洲地域における抗日武装運動の連合体である「東北抗日連軍」〈中国共産党が指導〉所属の政治委員を経て、同軍第一路軍第六師（「路軍」とは「方面軍」の意。白頭山《ペクトゥサン》〈北朝鮮と中国の国境地帯にある標高二七四四メートルの火山〉一帯の長白を中心にして抗日運動を行った）指揮官になる。

一九三七年六月四日、金日成は「普天堡《ポチョンボ》戦闘」（咸鏡南道《ハムギョンナムド》〈朝鮮半島北東部に位置する現在の両江道《リャンガンド》〉甲山郡《カプサングン》恵山鎮《ヘサンジン》）を指揮した。この戦闘は、第一路軍第六師が白頭山地区に遊撃区を設置し、朴達《パク・タル》・朴金喆《パク・クムチョル》らが率いる甲山郡内の「祖国光復会」（抗日連軍の外郭として組織された、満州における朝鮮人の抗日連合体）所属員らとともに普天堡に侵攻、警察駐在所と村役場、郵便局などの官公署を攻撃して布告文及び檄文を散布し、物資を強奪したという事件である。戦闘により、双方各数十名の死傷者が出たという（「インターネット斗山《トゥサン》百科」（韓国最大のオンライン百科事典））。

普天堡戦闘によって、金日成の名は朝鮮国内だけではなく、中国にも知られるようになった。一九四〇年、金日成は日本軍による大々的な掃討作戦を避け、二〇余名の同僚たちとともにソ連のハバロフスクに逃走した。その後、ソ連極東軍所属の陸軍大尉という肩書で、歩兵旅団「第八八旅団第一教導長」として約五年間服務する。

一九四五年八月一五日、日本が無条件降伏したことで第二次世界大戦は終わりを迎えた。翌月一九日、ソ連軍少佐に昇進した金日成と同僚たちはウラジオストクから船で元山《ウォンサン》に帰国する。

当時、北朝鮮に流入していた共産主義者からなる抗日武装団体には、大別して「延安《ヨンアン》派」「パルチザン派」「ソ連派」「甲山派」があった。

このなかの最大勢力は、朴一禹《パク・イルウ》を中心とした延安派であった。『韓国民族文化大百科事典』によれば、延安派は朝鮮義勇軍出身の政治集団として中国の延安を中心に抗日闘争をし、解放後は中国共産党の支援のもと、北朝鮮に帰国した。しかし、後述するように延安派は、金日成が率いたパルチザン派と対立し、一九五六年の「八月宗派《ジョンパ》（分派）事件」で粛清される。

パルチザン派は一九三〇年代、北満州を中心に非正規の軍事活動（これを「パルチザン」という。ゲリラ活動と同意）をするなかで日本軍の掃討作戦に遭い、ハバロフスク地域に脱出した。以後、ソ連極東軍第八八旅団で活動し、解放に伴い北朝鮮に帰国した。第八八旅団時代からソ連軍部の信任を受けていた彼らは、帰国後もソ連の後押しで政治的立場を確立していった。別名「満洲派」とも呼ばれ、解放直後に北朝鮮に登場した共産主義者たちのなかで、最も結束力の強い集団だった。

一方、陣容の相当数がソ連で教育を受けた人々で構成されたのがソ連派であった。しかし、彼らはパルチザン派と違って国内に基盤がなく、自ら政治勢力化するには限界があった。ソ連派は、いつでもソ連に戻ることができた。事実、一九四八年にソ連軍が北朝鮮から引き上げるとき、相当数の人々がソ連に帰化した。北朝鮮に残った者たちの大部分は、やはり八月宗派〔分派〕事件で金日成との権力闘争から締め出され、延安派とともに粛清された。

長白県から咸境南道甲山郡にかけた一帯で朴金喆を中心に地下活動をしたのが甲山派である。甲山派は普天堡戦闘で金日成を支援したが、これを理由に日本軍は甲山派組織をほぼ瓦解した。解放後、パルチザン派が北朝鮮の政治を主導するのに大きく尽力したが、一九六七年の「甲山派事件」で粛清された〔金日成の息子、金正日の主導による〕。

帰国した金日成はパルチザン派と、三八度線以北のソ連進駐軍第二五軍司令官チスチャコフ（I.M. Chistyakov）率いるソ連軍、そして延安派及びソ連派の支持を受け、北朝鮮を掌握する。一九四八年、朝鮮人民軍が創立されると同時に金日成は最高司令官になり、内閣首相に就任する。

一九五〇年六月二五日、金日成はソ連と中国の支援を受け、韓国を奇襲攻撃して六・二五事変〔朝鮮戦争〕を起こしたが失敗し、一九五三年七月二七日に「国際連合軍総司令官を一方とし、朝鮮民主主義人民共和国最高司令官及び中共人民支援軍司令員を他の一方とする韓国軍事停戦に関する協定」〔いわゆる「朝鮮戦争休戦協定」〕が締結される。金日成は休戦後、六・二五事変の敗戦責任を南朝鮮労働党（以下、南労党）に押しつけ、朴憲永《パク・ホニョン》や李康国《イ・カングック》、李承燁《イ・スンヨプ》などの南労党幹部をアメリカのスパイにでっち上げて処刑した。

一九五六年に八月宗派〔分派〕事件が起きる。この事件は一九五六年六月に延安派とソ連派の一部が、朝鮮職業総同盟委員長であった徐輝《ソ・フィ》を中心にして、北朝鮮に友好的な東欧の社会主義国を訪問中の金日成を排斥しようと試みたことが契機となった。彼らは、経済論理の観点から金日成の重工業を優先する政策を批判し、また政治論理の観点から深刻なレベルの独裁体制に至ったことを排斥の大義名分とした。

当時、北朝鮮の産業構造は重工業が主力となるように構成されていた。ソ連ではフルシチョフによる「スターリン批判」で、個人崇拝を非難する政治的雰囲気が高まっていた時期であった。

延安派と一部のソ連派は大事を成功させるため、パルチザン派に属していた崔庸健《チェ・ヨンゴン》〔一九〇〇〜一九七六・九・一九。後に初代民族保衛相、初代国家副主席などを歴任〕に協力を要請した。しかし、崔庸健の裏切りで金日成の逆襲を受け、相当数の延安派とソ連派が粛清され、残りは中国とソ連に逃避した——以上が八月宗派〔分派〕事件の概略である。

六・二五事変によって金日成は我が民族〔朝鮮民族〕に取り返しのつかない大きな悲劇を招き、さらには自らの絶対権力を維持するため、朴憲永率いる南労党派を、八月宗派〔分派〕事件では延安派とソ連派を粛清してきた。これらは一九五三年の休戦後からわずか三年の間に行われたことである。

金日成が指揮した二度の大々的な粛清に続き、三番目となる大粛清が一九六七年三月の甲山派事件である。この時期まで甲山派が排除されなかった理由は、二度の粛清作業のときにパルチザン派と協力関係を保っていたからである。二度の粛清作業を通し、金日成率いるパルチザン派は北朝鮮軍部を完全に掌握し、その要職に布陣した。一方、甲山派の主要幹部である朴金喆や李孝淳《リ・ヒョスン》、金道満《キム・ドマン》などは、労働党を中心に配置された。

一九六六年一〇月、金日成は党代表者会で、国防・経済の「並進路線」を主張した。人民の生活必需品を生産する軽工業も重要であるが、それよりも重工業の発展を基礎にして軍需産業を活性化させ、第二の六・二五事変を起こさなくてはならない、という考えだったようだ。

甲山派は、金日成の重工業優先政策に反発した。ソ連や中国、東欧の社会主義国からの援助を重工業に優先的に使うより、人民の生活向上のために、軽工業にもバランスよく使わなければならない、というのが甲山派の主張だった。また、経済力に見合わない膨大な国防費の削減と、人民の生活水準を高める政策を重点的に行うことの必要性も主張した（ソン・クァンジュ、二〇〇三）。

パルチザン派はこの意見に反発した。甲山派の主張通りにすれば、軍需工業を中心にした重工業発展優先路線を棄てなければならず、軍需産業の脆弱化はパルチザン派が掌握している軍部の力が弱くなり、ひいては金日成を中心にしたパルチザン派の没落を招く、と考えた。

金日成は、一九六七年三月、抜き打ち的に党中央委員会第四期第一五次全員会議を開き、甲山派の粛清を決めた。そして始まった甲山派粛清は一九六八年まで続き、その対象は中級の地方幹部職の約六五％にまで広がった。

甲山派を粛清した本当の理由は、両派の相反した政策の結果というより、金日成独裁体制の確立が目的であったと考えるのが妥当だろう。甲山派を放置しておけば、実弟の金英柱《キム・ヨンジュ》が主導し始めたばかりの「唯一思想体系」〔金日成が提唱し、一九六七年の第四回中央委員会総会において採択された指導理念〕が最初から躓くことを金日成は懸念したようだ。

当時、世界の共産主義陣営は一枚岩ではなかった。ソ連と中国が共産主義を進めるプロセスの解釈をめぐって対立していたのだ。

ソ連は、社会主義経済体制が達成すれば資本主義から共産主義に移行する過渡期は終わり、以後、これまでにあった社会主義体系が自動的に作動してプロレタリア独裁が徐々に弱体化する、したがってこれ以上の革命の必要はない、という立場だった。ちょうど、一九五三年にソ連の独裁者であったスターリンが死亡し、その後を引き継いで政権を掌握したフルシチョフが、スターリンが生前に進めていた偶像化政策に反対して「スターリン批判」を展開し始めた時期だった。

一方、中国の毛沢東はこのようなソ連の立場を「修正主義」と批判し、共産主義を完全に達成するまでは階級闘争とプロレタリア独裁を続けなければならないという立場だった。毛沢東はこのような理論的背景のもと、「文化革命」を引き起こした。

文化革命とは、一九六六年から一九七六年まで毛沢東を中心に中国で進められた社会主義運動である。毛沢東と、彼に追従し個人崇拝を助長する勢力が権力を掌握するために、急進的かつ過激な中・高校生及び大学生から組織された「紅衛兵」という集団が、「敵」と決めた中国革命元老や専門家、知識人、民主人士たちを拷問、虐待、処刑した事件である。中国の建国元老であり、現在国家主席である習近平の父・習仲勲も文化革命の犠牲者で、一六年という長きにわたり監獄生活を含むあらゆる苦難を経験した。習近平自身も「反動子息」とレッテルを貼られ、延川県で約七年の肉体労働をした。

ソ連と中国との間で共産主義理念闘争が繰り広げられるなか、金日成はソ連を「右傾修正主義」、中国を「左傾教条主義」と批判する一方、マルクス・レーニン主義の「創造的適応」を主張して唯一思想体系を確立しようと考えた。

金日成が自ら興した金王朝を強固にするために始めた、最後の〝障害物〟である北朝鮮労働党（以下、北労党）権力序列第四位の朴金喆を中心とした甲山派の粛清が終盤に近づく頃、弟・金英柱と息子・金正日による忠誠競争が始まった。以後、二人は金日成に対する絶対偶像化作業を競争して展開し、後継者の座を巡って争った。

一九六九年、金日成はパルチザン強硬派を粛清する。パルチザン強硬派は一九六八年一月二一日、特殊訓練を受けた民族保衛省〔後の人民武力省で、いわゆる国防省にあたる〕偵察局所属の第一二四軍部隊武装共産党遊撃隊三一名を韓国に侵入させ、「青瓦台《チョンワデ》襲撃事件」〔青瓦台は韓国の大統領官邸〕を起こした。さらに、同年一〇月三〇日と一一月一日、そして一一月二～三日には、一五名ずつ八グループで編成された一二〇名の武装共産党遊撃隊を姑浦《コポ》海岸（慶尚北道蔚珍郡《キョンサンプクドウルジングン》）に侵入させて「蔚珍・三陟《サムチョク》武装共匪浸透事件」を起こすなど、韓国に対して極端な武力行動を敢行した。

金日成は甲山派を排除した後、民族保衛省の金昌奉《キム・チャンボン》、総参謀長の崔光《チェ・クァン》、対南総局長の許鳳学《ホ・ボンハク》などパルチザン強硬派が自分の絶対的な権力に挑戦する可能性があると考えた。そこで彼らを「プエブロ号事件」（一九六八年一月二三日、乗務員八三名を乗せたアメリカの情報収集艦プエブロ号が、公海上（日本海）で非武装の状態で北朝鮮とソ連の情報を収集していたところを北朝鮮の警備艇に発見され、哨戒艇とミグ機の威嚇射撃を受け拿捕された事件）や、前述の蔚珍・三陟武装共匪浸透事件、青瓦台襲撃事件など、過度に冒険主義的行動を起こした責任を問い、粛清する。パルチザン強硬派を粛清した後、金日成はコントロールしやすい崔賢《チェ・ヒョン》を民族保衛相に、呉振宇《オ・ジヌ》を人民軍総参謀長に抜擢した。

一九七二年五月、韓国の朴正熙《パク・チョンヒ》大統領が中央情報部長の李厚洛《イ・フラク》を密使として平壌へ送り、七月四日には南北共同声明を発表した。その内容は、①統一は外部の干渉を受けることなく、互いに武力を用いることなく、平和的に実現すること、②思想や理念、制度にかかわらず、単一民族として大団結を図ること、③南北赤十字会談を開催して互いの緊張を緩和し、信頼ムードを醸成すること、などである。

一九七二年一二月二七日、金日成は憲法を改正し、国家主席兼国防委員会委員長に就任する。韓国でも、朴正熙大統領が長期執権を目指していた。国民投票（同年一一月二一日）により九割以上の賛成で成立していた、大統領任期を撤廃し独裁体制への道を開く改憲案（「維新憲法」）が偶然にも同日、一二月二七日に公布された。

一九七四年二月、金日成は党中央委員会を開催した。このとき、後継者として有力候補だった金英柱に対し、〝党の事業に意欲がない〟〝［金日成を］まともに補佐できない〟と批判して、息子の金正日を政治委員会委員（現、政治局委員）に任命する。金正日は党組織秘書兼組織指導部長、宣伝担当秘書兼宣伝扇動部長に加え、政治委員会委員になることで金日成の後継者として推戴され、確定する。

以後、北朝鮮のなかで形式上は権力序列第二位の金正日が、統治権力を実質的に行使することになる。

金正日は、金日成に提出するすべての報告書を最初に目を通し、彼が許可した場合に限り金日成に報告するようにした。こうして金正日は全情報を把握して実権を行使しながら、父の金日成を神格化する作業を積極的に試みる。金日成を神格化することは金正日を〝神の息子〟とすることである。自身の権力を強化、正当化しようという金正日の意図がうかがえる。

一方、国外では一九九〇年にソ連が、続いて一九九二年には中国が、それぞれ韓国と国交を樹立する。両国とも、金日成が起こした六・二五事変の絶対的後見国であった。金日成は共産主義の宗主国から裏切られたかたちとなる。

一九九三年、金日成は金正日に国防委員長職を譲り、翌一九九四年七月八日に心筋梗塞で死去する。

金日成は一九八五年一二月、核拡散防止条約（NPT, Nuclear Nonproliferation Treaty　核兵器非保有国は新たに核兵器を保有することを禁止し、保有国は非保有国に対して核兵器を譲与することを禁止する内容）に加入したが、一九九三年三月にＮＰＴ脱退を宣言する。その後、金日成の指示で寧辺《ヨンビョン》核施設では廃燃料棒の再処理が試みられ、北朝鮮は核兵器製造の兆候を見せた。これに対し、アメリカのクリントン政権は核施設への精密先制爆撃を計画したが、全面戦争になる可能性もあり、実行を中止する。

こうした核危機に対処するため、アメリカはジミー・カーター元大統領を北朝鮮へ派遣することに決めた。カーターは一九九四年六月一五日から一八日までの四日間、個人の資格で北朝鮮を訪問し、金日成に会う。金日成はカーターに「アメリカ政府が国連で推進している対北制裁を中断すれば、北朝鮮も核開発を凍結する」と提案し、アメリカと北朝鮮の緊張緩和が期待された。しかし、その二〇日後に金日成が死亡する。

後を継いだ金正日は一九九四年一一月一日に核開発凍結を宣言したが、二〇〇二年一二月一二日に解除を発表、二〇〇五年二月一〇日には核兵器保有を宣言した。以後の北朝鮮では、金正日が二〇〇六年一〇月九日と二〇〇九年五月二五日の二度、金正恩が二〇一三年二月一二日と二〇一六年一月六日、そして二〇一六年九月九日の三度にわたる核実験を行い、朝鮮半島を核戦争の危機に追い込んでいる（パク・ヨハン、二〇一六）。

ところで、金日成はカーターとの会談に続き、翌月二五日には平壌で韓国の金泳三《キム・ヨンサム》大統領と南北首脳会談を開催することが予定されていた。それを一七日後に控えての死去だった。

金日成は一九九四年五月に、病名は不明だが、目の手術を受けたばかりだった。体力がかなり落ちていたにもかかわらず、アメリカ元大統領を迎える準備でストレスが多かったという。その後も南北首脳会談の準備が必要で、心身ともにますます負担が増し、心筋梗塞を引き起こして急死したと思われる。

二　金日成の女性たち

金正淑

金正淑《キム・ジョンスク》（一九一七年一二月二四日～一九四九年九月二二日）は金日成が最初に結婚した女性で、金正日の母、金正恩の祖母にあたる。

咸境北道会寧《ハムギョンブクドフェニョン》の出身で、金正日、金万一《キム・マニル》、金敬姫《キム・ギョンヒ》に続いて四番目に宿した子が子宮外妊娠になり、その後遺症で死亡したと伝えられる。

一九三三年、金正淑は一六歳のときに共産党青年団に加入し、二年後の一九三五年には抗日遊撃隊に入隊する。入隊後は金日成が率いるパルチザン部隊で炊事と洗濯の仕事を主に引き受け、一九四〇年に金日成のパルチザン仲間であった崔賢が仲人となり、金日成と結婚する。

結婚前、金日成はすでに二歳年上の韓聖姫《ハン・ソンヒ》（一九一四年生まれ）を妻にしていたという噂があるが、真相は明らかでない。

金正淑は文字の読み書きがほとんどできなかったが、射撃はうまかったという。過激な性格のために金正淑と金日成の仲はあまり良くなかったが、金日成が危機に瀕したときに命を救ったという。現在、北朝鮮では、金正淑を金日成、金正日とともに「白頭山の三大将軍」として偶像化している。

一九四七年、二男の金万一が三歳のときのことだ。金日成の官邸で兄の金正日と遊んでいるときに池に落ち、溺死したという。この事件で金正日は父から「弟を殺した奴」と烙印を押され、幼い時代にはひどいストレスを経験したという。そして、たった一人のきょうだいとなってしまった金敬姫を格別に可愛がったようだ。

一九四九年、金正淑は二人の幼い子どもを残し、三二歳という若さで生涯を閉じた。金正日が七歳、金敬姫が三歳のときだ。

死に際し金正淑は、息子の金正日が金日成を継いで革命の指導者になるよう立派に育ててほしい、とパルチザンの同僚たちに頼んだ。当時、民族保衛相であった崔庸健は彼女の意を受け入れ、金正淑への追悼の辞で、金正日が金日成の後継者になるよう積極的に支援すると表明したという。

母を子宮外妊娠の後遺症で亡くした金正日は、一九八〇年七月に平壌の大同江区域東紋一洞《トンムンイルドン》にある約二万坪の病院敷地内に、北朝鮮が誇る医療機関の一つである「平壌産院」を開院した。

金聖愛

金聖愛《キム・ソンエ》は一九二四年一二月二九日、平安南道江西郡《カンソグン》の農家の家庭に生まれた。平壌女子師範学校を中退後、六・二五事変直前に人民軍に入隊し、金日成の執務室書記として働いた。

金聖愛は金正淑と死別した金日成と一九五三年に結婚し、金慶真《キム・ギョンジン》、金平一《キム・ピョンイル》、金英一《キム・ヨンイル》を生む。

当時、金聖愛は金日成の官邸で母のコ・ヨンチルとともに暮し、継子である金正日と金敬姫に対しては実の母のように可愛がったと伝えられる。

金聖愛は一九五四年に朝鮮民主女性同盟（以下、女性同盟）順安郡《スンアングン》委員長、一九五七年に中央保衛部秘書、一九六五年に女性同盟中央委員会副委員長、一九七一年に同委員長、一九八〇年には党中央委員会委員に選出されるなど、金日成の権威を背景に権力の中枢に立った。

しかし、継息子である金正日との政争に敗れた後は、すべての権力を失った。一九九四年に金日成が死去したときには形式的に金日成国家葬儀委員会委員に、翌一九九五年には呉振宇の国家葬儀委員会委員に就任したが、その後は金正日によって、一九九八年には女性同盟委員長を、二〇一〇年には党中央委員会委員を解任された。以後、行跡については明らかでない。

三　金正恩の父、金正日

一九四〇年、金日成は東北抗日連軍所属の同僚二〇余名とともに日本軍の討伐に追われ、ソ連に逃避した。彼らはハバロフスク近郊に駐屯しているソ連軍第八八旅団に配属され、金正日は一九四一年二月一六日に駐屯地の兵営で生まれたと確認されている。

幼少時代の名前は「ユーラ（有羅）」で、これはロシア人名の「ユーリィ」に由来するという。金日成はその後、自分の名前から「日」を、妻の名前から「正」の字を取って「正日」と名付けたという。

しかし、北朝鮮は金正日のハバロフスク出生説を否定し、金日成が抗日武力闘争の秘密基地とした白頭山の密林の野営地（両江道三池淵郡《サムジョングン》）で生まれたと主張している。

北朝鮮がこの説を強張するのには理由がある。朝鮮民族が神聖視する白頭山において、金日成が国内で自ら「朝鮮人民革命軍」という抗日武装集団を結成して日本を追い出し、朝鮮の独立を戦い取ったと宣伝するためだ。中国共産党が主導した東北抗日連軍に金日成が所属し、満州で抗日武装闘争を行った、という事実では北朝鮮にとって都合が悪いのだ。このように金日成独自の抗日武装闘争を掲げることでその政権の正当性を主張でき、金正日はこうした歴史的背景を持って生まれたのだから当然、金王朝の正統な継承者である、という論理を展開できる。

金正日が北朝鮮国内ではなくハバロフスクで生まれたとなれば、金王朝二代目統治者としての正統性が損なわれると金日成は考えたようである。第四四代アメリカ大統領バラク・オバマも大統領選挙運動中、出生地はアメリカではなくアフリカだという未確認の噂が立ち、政権運営の間も終始、反対派からひどい目に遭わされたという（張景俊、二〇一二）。

金日成が中国共産党主導の東北抗日連軍に属し、満洲で抗日武装闘争をしたこと、そして国内で普天堡戦闘を指揮したことは事実のようだが、その武装闘争は非常に小規模なものだった。金日成自身も、「我々パルチザンの抗日武装闘争を多少誇張して言う向きもあるが」と述べている。しかし、その後に「そうであったとしても、抗日武装闘争をしたことは事実であり、南側〔韓国〕では彼らは我々ほども闘争しなかったにもかかわらず、あまりにも我々を貶めているように感じる」と言及している。

金日成は、〝金正日が生まれた〟と主張する白頭山の密営（丸太小屋）の背後にある山嶺を「正日峰《ジョンイルボン》」と命名したという。北朝鮮はこの丸太小屋と正日峰との標高差が、金正日の誕生日である二月一六日の数字が並んだ二一六メートルであると主張するが、単なる数字の一致を利用して金正日の出生を神秘化しようとする意図をうかがわせる。事実、北朝鮮はこの神聖化運動を持続的に進めているのだ。

一九四五年九月、金日成はパルチザンの同僚たちとともにウラジオストクから元山を経て、平壌に帰還した。二ヵ月後の一一月、金正淑もハバロフスクを去り、金正日（当時三歳）と金万一（同一歳）を連れて北朝鮮に帰国、平壌に落ち着いた。

一九四六年、金正日は南山《ナムサン》幼稚園に入学する。しかし、当時の金正日は朝鮮語をまともに話すことができなかったので、ロシア語を話せる子どもと親しく過ごしたという。

一九四九年、金正日は南山人民学校に入学するも、同年九月二二日に母の金正淑が死亡する。金正淑は出産後もハバロフスク兵営でパルチザンの一員として軍事活動をしていたので、金正日は母の温かい愛情を十分に受けられなかったと思われる。一九四五年八月一五日に日本が無条件降伏したことで一家はソ連を去り北朝鮮に帰国したが、その後もこのような状況は続き、両親は複雑に絡み合った国内の政治状況のなかで権力掌握にあくせくして金正日の面倒をまともに見る余裕がなかったからである。このような生育環境に加え、帰国から二年後には一緒に遊んでいた弟が池に落ちて溺死、さらにその二年後には母の死……七歳の子どもには乗り越えがたい過度のストレスを経験していた。

弟と母を相次いで亡くしたことで、幼い金正日は「身近な人々は結局、私をこの世に残していなくなってしまう」という〝見捨てられる幻想〟を抱いたとみられる。そしてこの幻想は、二人の女性と死別したことで現実となる。一人は初恋の相手である成恵琳で、もう一人はその後に愛した高容姫だ。

こうした経験を経て金正日は、表面的にはパルチザンの元老を含む一部の近しい人々に礼儀と情をもって接しているように見えたが、実際には別離と裏切りによって心が傷つけられるのを避けるため、生涯、誰ともたやすく人間的な関係を深く結ぶことができなかったと考えられる。

一九五〇年、金日成が六・二五事変を起こして韓国を攻撃すると、朝鮮半島は戦争の泥沼にはまった。米軍を主力にした国連軍の反撃で戦況が金日成に不利になると、金正日と金敬姫はしばらく親戚の家に身を寄せた後、叔父・金英柱の保護のもと、吉林省（満州）に避難した。金正日は吉林学院に編入し、二年間通うことになる。

一九五二年、戦争が長期化し膠着状態に陥ると、金正日は平壌に戻った。そして、万景台革命遺児学院、三昔《サムソク》人民学校を経て、一九五四年に平壌第四人民学校を卒業する。

金正日はこの頃から金日成の後妻、すなわち継母の金聖愛とともに暮らし始めた。後日、二人の間で起きる権力闘争の幕開けである。

金聖愛と金日成の間には、娘の金慶真（一九五二年）、長男の金平一（一九五四年）、二男の金英一（一九五五年）が生まれる。青少年期の金正日は、彼らと血の繋がったきょうだいのように仲良く過ごしたという。しかしそれは、戦略的能力に優れた金正日が生き残るために、意図的にとった行動と考えられる。事実、金正日は金聖愛との権力争いに勝つと、三人の異母きょうだいを〝金王朝の枝葉〟として国外に追放している。

一九五四年、金正日は平壌第一初・高級中学校に入学し、中学校三年過程と高等学校一年過程を終えた後、一九五八年に南山高級中学校二年生（韓国の高等学校課程にあたる）に編入し、一九六〇年七月に卒業する。平壌第一初・高級中学校では、金正日は学校少年団委員長を引き受けるなど、優れたリーダーシップを発揮したという。

次の南山高級中学校は、労働党の高級幹部の子弟が多く通い、卒業後は希望すれば、北朝鮮の名門校である金日成総合大学をはじめ、どんな大学にも容易に進学できる学校として知られている。

成長するにつれて金正日は、幼かった頃の消極的で内気な性格から、積極的で外向的な性格へと徐々に変わっていったという。金正日のこのような性格の変化は、五歳のときから抱えていた弟の死に対する罪責感、七歳のときに母の死によって受けた過度のストレスから、だんだんと回復した表われであろう。

南山高級中学校に在学中の一九六〇年、韓国で四・一九革命（「四月革命」ともいう。李承晩《イ・スンマン》大統領の不正選挙に学生が中心となって抗議運動を展開。市民、労働者も蜂起して李承晩を辞任に追い込んだ民主化運動）が起きたときのことだ。金正日は「ついに南朝鮮の学生たちが立ち上がった。李承晩はアメリカに逃げ出し、統一が目の前に迫っている」と運動場に出て鐘を打ち鳴らし、全校生徒を集合させた。それから金日成広場まで行進し、隊列の先頭で「米帝は直ちに南朝鮮から退け」など、煽動的なことばを叫んだという。このときに金正日が主導した南山高級中学校学生デモは、北朝鮮で起きた最初のデモである。翌日からは北朝鮮全域で官制デモが起こったという。このような事実から鑑みると、金正日は若いときから宣伝、扇動がたいへんうまく、チャンスは絶対に逃さない人物であったようだ。

一方で、このような政治的な姿とは対照的に、金正日は若い頃からさまざまな遊びにも熱中していたという。大学入学前、まだ南山高級中学校に在籍していた頃から、平壌市内の路地をバイクで乗り回し、釣りや狩りもした。サッカーなどのスポーツも好きだったが、映画や音楽などの芸術方面にも関心が高かったようだ。当然に学業が疎かになり、父の金日成からはたびたび叱責されたという。

成人すると、金正日はバイクだけではなく、自動車や乗馬など多種多様な乗り物に乗り、それぞれのスピードを味わい楽しんでいたという。このような事実は、一五年近くにわたり金正日の専属料理人として働き、「金正日の料理人」として知られる日本人の藤本健二の経験を通して明らかにされている。藤本は『金正日の料理人』（二〇〇三）及び『北の後継者キム・ジョンウン』（二〇一〇）という二冊の著書を通して、金正日の秘密に満ちた私生活と、金正恩を含め表になかなか表れない金正日一家に関する話を、部分的に明らかにしている。

北朝鮮に渡る前、藤本は日本で料理人として働いていた。一九八二年、板橋調理師会事務所（日本）の会長から〝北朝鮮で一年間働かないか〟と誘いを受けたことが始まりだった。誘いに応じ、北朝鮮に渡った藤本だが、上司との不和で一年も経たないうちに日本に帰国した。とはいえ、北朝鮮での待遇は良かった。当時の生活を偲び、藤本は一九八七年に北朝鮮に再入国し、金正日の専属料理人として働くことになる。翌一九八八年には日本で結婚していた妻と離婚し、二〇歳年下の北朝鮮歌手・厳正女《オム・ジョンニョ》と再婚する。以後、平壊に留まった藤本は金正日の信頼を得て「秘密パーティー」にも参加し、息子の金正哲と金正恩の遊び相手にもなった。しかし、北朝鮮の実際を目撃するなかで、いつかは藤本自身も収容所に送られるのではないかと次第に恐れるようになった。二〇〇一年、金正日の食事に必要な食材を求めて日本出張を偽装し、北朝鮮を脱出する。

藤本は『金正日の料理人』のなかで、金正日とその家族、秘密パーティーなど、金正日の私生活を克明に明かした。また、『北の後継者キム・ジョンウン』を著した当時、金正日の後継者について国内外の多くの北朝鮮専門家が、金正男か金正哲、あるいは張成沢ではないかと予測するなかで、藤本は金正恩であると正確に言い当てた。

藤本によれば、金正日は大人になってからもバイクを楽しんだという。一九九〇年九月のある日、金正日は藤本にバイクのカタログを見せ、「このなかから、私と藤本が乗るバイクを選んで示してみろ」と言った。そこで藤本は、金正日と自分の背の低さを考え、ハンドルを楽に扱うことができる排気量二五〇ccのバイクの一覧から、金正日には「ホンダ」を、自分には「ヤマハ」のバイクを選択したという。当時、金正日の側近でバイクの乗り方を知っているのは藤本だけだったという。

一九九一年七月、鴨緑江で一緒に水上バイクに乗っていたときのことだ。金正日が競争をしようと言い出した。このときは藤本が勝った。それから一ヵ月後、金正日がまた競争を提案した。金正日の水上バイクは前回とは違い、排気量が非常に大きいものに変わっていた。結局、藤本は競争に負けたという。また、金正日は好んで白馬に乗ったというが、一九九二年には乗馬中に落馬し、頭と肩にひどい傷を負い、意識不明になったこともあるという。

北朝鮮が広報で使う映像には、白馬に乗った金日成がたびたび登場する。〝白馬に乗って抗日武力闘争をした〟と誇示したいからだ。金王朝二代目統治者である金正日も、白馬に乗った姿を見せることで、自らが白頭血統で金日成の抗日武力闘争の精神を引き継ぐ者であることを見せつけるためであると考えられる。三代目の金正恩も同様に、白馬に乗った姿の映像を公表して金日成との同一化を試みている。

藤本によれば、金日成が死去した後、アメリカの偵察衛星に探知されないよう、金正日は招待所への移動を深夜や夜明けにしていたという。偽装のため、常にベンツ十台が連なって走行していたが、金正日の車はいつも先頭だったという。

こうした事実から推測できるのは、金正日はバイクや乗馬、そして自動車そのもののスピードを楽しむ一方で、競争心も非常に強く負けず嫌い、誰よりも先頭に立って自分を誇示したいという自己顕示の性向があり、勝つためには手段を選ばない反社会的特性も併せ持っていたことだ。

一九五九年、南山高級中学校の卒業予備生のときのことだ。金正日は父・金日成に従ってソ連共産党第二一次大会に参加するため、モスクワを訪問した。

このとき、黄長燁《ファン・ジャンヨプ》（金日成の書記で、この当時は秘書）も随行した。北朝鮮の主体思想の最高理論家として金日成総合大学総長、党中央委員、最高人民会議議長、党国際担当秘書、最高人民会議外交委員会委員長など、北朝鮮の高位職をあまねく歴任した黄長燁だが、金正日体制に幻滅し、一九九七年に中国を経て韓国に亡命する。

さて、モスクワ訪問当時一七歳だった金正日のことを、黄長燁は『金正日への宣戦布告――黄長燁回顧録』（萩原遼訳、文藝春秋、一九九九年）のなかで、次のように回顧している。

私は金日成に随行し、ソ連共産党第二一次大会に参加するためにモスクワに行った。当時、金正日は高級中学校卒業予備生であったが、私たちに同行した。金正日が父の金日成に付き従って中央党庁舎に現われるところを何回か見かけたことはあったが、直接対面するのは初めてだった。

私が金日成総合大学で教鞭をとっていたことを知った金正日は、特別な好意を持って私に接してきた。また、私も指導者の息子として彼に温かく接し、良い関係を築こうと務めた。金正日は怜悧で好奇心が強く、大学の学科内容について多くのことを尋ねてきた。哲学の専門家である私は、社会科学や文学だけではなく、自然科学についても若干の常識を備えていた。そのため、質問への答えは概して、彼を満足させたようだった。

彼は公式行事には参加せず、宿舎に残ることが多かったが、そのようなときは私にも残ってくれと頼んできた。そこで、私も可能な限り、彼とともに残り、話をした。彼と話をするなかで、若年にもかかわらず、政権に対する欲望がすでにかなり強い、という印象を受けた。彼は、父に仕えることに特別な関心を注いだ。毎朝、父が出かけるときには介添えをするだけでなく、靴を履かせたりもした。金日成は当時四七歳で元気旺盛、介添えを受ける何らの理由もなかった。しかし、金日成は、息子の介添えを受けるときは、ただただ満足しているようだった。

夕方、金日成が帰ってくれば、金正日は副官（SP）たちや医者、看護師などの随行員を集合させ、その日にあったことについて報告を受け、あらゆる指示をした。金日成に随行した代表団のなかには政治局員も多くいたが、金正日が金日成の事業を直接担当し、副官（SP）や随行員に具体的に仕事を指示するということは常識を超えた行動だった。

もしかしたら、この少年が叔父を追い出し、権力を承継するかもしれない、と私は考えた。ある日、金正日がソ連の工業農業展覧館に行ってみようと言うので連れて行ったが、技術的な問題をしきりに質問されたので、通訳には苦労した。私が、なぜ技術にそのように関心が高いのかと尋ねると、このように答えた。

「お父様が関心を持っていらっしゃる問題であるからです」

また、モスクワ総合大学にも行ってみたいと言うので案内したが、一緒に行ったソ連共産党朝鮮担当課長が金正日にお世辞のつもりでこう言った。

「同志も高級中学を卒業後は、モスクワ総合大学で勉強されるのでしょう?」

すると、金正日が憤然とした調子で答えた。

「平壌にも金日成総合大学という立派な大学があります。私は、金日成総合大学で勉強するつもりです」

モスクワ訪問当時、金正日は父の金日成を他の人々の前で「首相同志」と称し、格別の尊敬心を示していたという。

黄長燁は当時を回顧し、金正日の気性は非常に激しい、目下の者に指示するときはかなり厳格、考えは浅いが感覚が鋭敏、感情的になりやすい性格であると評価した。黄長燁の予想通り、金正日は叔父の金英柱と継母の金聖愛との権力闘争に勝つと彼らを排除し、一九七四年二月一三日に金日成の後継者、言い換えれば「金王朝の王世子」に登りつめる。

一九六〇年、金正日は金日成総合大学経済学部政治経済学科に入学する。彼がモスクワ総合大学に留学しなかったのには理由がある。中国とソ連が共産主義理念に対して熾烈な思想論争を対立させていた当時、主体思想を打ち立てた金日成がソ連を修正主義、中国を教条主義として同時に批判した。両国の影響力から脱して独自の権力を強化しようと考える父の意志を、金正日は把握していたのだろう。

また、黄長燁の回顧通り、金正日がすでに一七歳の若さで金日成の権力を継承しようと考えていたのであれば、そのとき最も強力な競争相手は叔父の金英柱であった。金英柱はモスクワ総合大学政治経済学科を卒業し、モスクワ高級党学校研究予備生を修了した海外留学派だ。金正日の立場では、金英柱と同じキャリアを歩むよりは国内に残り、金日成総合大学に進学して金日成の側で実務を経験し認められることが権力継承に有利である、と判断したと考えられる。

金正日は大学在学中、北朝鮮の大学生が義務として参加する兵営訓練に参加した。訓練中、削った木でマンドリンを作るなど芸術的センスも披露もしたが、最も大きな関心を示したのは射撃だった。実際、金正日は相当な射撃の腕前であったようだ。一九九〇年に金正日は約一五人の側近とともに実弾の入ったピストルで射撃の実力を競ったが、このとき金正日より上手な者はいなかったという〔藤本、二〇〇三〕。

この時期の金正日が最も関心を抱いていたのは映画だった。中央映画普及所〔世界中の映画を集めた施設〕に毎日出勤したいほどであったという。甲山派粛清事件では、映画に対する金正日の熱狂的ともいえる執着心が金日成の後継者として承認を受ける決定的な要因として作用したが、それだけではない。一九七八年に韓国女優の崔銀姫《チェ・ウニ》と彼女の前夫で映画監督の申相玉《シン・サンオク》を拉致するという、無謀な事件まで引き起こしている。

「甲山派粛正事件で金正日の映画熱が果たした役割を説明しておこう」一九六七年に後継者として金英柱が指名されそうになった。甲山派はこれに反発した。異議の理由はこうだ。非常に寒い冬、雪が降り積もるなか我々甲山派の同志は凍ったじゃがいもを食べ、あらゆる苦労をしながら抗日武装闘争を続けた、しかし、金英柱には日帝に対する闘争経歴がない〝金日成の弟〟という理由だけで権力を継ぐのか、と。

甲山派は当時、金日成、崔庸健、金一《キム・イル》〔一九一〇～一九八四年、金日成内閣で首相など要職を歴任〕に続き、権力序列第四位にあった甲山派の指導者・朴金喆を後継者に擁立しようと考えていた。このため、甲山派所属で党宣伝扇動部長だった金道満は当時、北朝鮮で大衆の人気が高まっていた映画を通して、朴金喆こそ金日成の継承者であるという雰囲気を醸成しようと試みる。金道満は、朴金喆の抗日武装闘争を前面に出した『一途な心』という映画を製作し、朴金喆一家の抗日武装闘争の業績を過度に美化する。

甲山派のこのような動きは、自分以外の個人崇拝は許さない金日成の大きな怒りを買うことになり、結果的に甲山派粛清につながった。その過程で金日成は平壌の朝鮮芸術映画撮影所〔一九四七年に中国、ソ連の援助を受け「国立映画撮影所」として設立。朝鮮戦争中の一九五一年にアメリカの爆撃により焼失したが、休戦後に再建。一九五七年に現在の名称に改称。総敷地面積一〇〇万㎡、野外撮影場は七〇万㎡〕で会議を開き、朴金喆を美化した『一途な心』に対して辛辣な批判を加える。また、映画に関わる分野でも甲山派を含む反党分子の徹底的な粛清を指示しつつ、党の革命的な事業について、映画を通して宣伝する責任者を誰にするのかと尋ねる。

このとき二五歳の金正日が手を挙げた。崔庸健や金一など、パルチザン派の側近も金正日を支持する。以後、金正日は撮影所で暮らすようになった。それからは『遊撃隊五兄弟』『ある自衛団員の運命』『血の海』『花売り娘』など金日成の革命闘争を偶像化する映画を作製し、金日成とパルチザン元老の信頼を獲得していった。このことは、叔父（金英柱）と継母（金聖愛）との権力闘争で有利な立場を確立するのに役立った。

崔銀姫・申相玉拉致事件とは、映画に病的に執着する金正日の指示を受けた北朝鮮工作員と朝鮮総連関係者が起こした事件である。〔当時、韓国で芸術学校の理事長を務めていた〕崔銀姫は、映画製作の支援について相談したいと香港へ誘い出され、拉致された。その後、失踪した彼女を香港に探しに行った申相玉も拉致された。北朝鮮で二人は、比較的良い待遇のなかで暮らした。〔拉致から五年後、崔銀姫と申相玉は北朝鮮で再会し、〕最高位の人士だけが参加できる金正日の誕生パーティーにも出席したという。

金正日の全面的な財政的支援のもと、彼らは『帰らざる密使』『脱出記』『春香伝《チュニャンヂョン》』など、数本の映画を製作した。そして［一九八五年の］モスクワ国際映画祭で崔銀姫は主演女優賞を、申相玉は監督賞を受けた。彼らは北朝鮮で徹底的な監視を受けて生活していたが、金正日から信頼されるようになると、一九八六年のベルリン国際映画祭に出席するのに先立ち、映画撮影のためにオーストリアのウィーンを訪問したいと説得し、訴えた。ウィーンに着いた彼らはアメリカ大使館に駆け込み、その後、アメリカを経て韓国に帰国した。

一九六九年に金正日は二七歳の若さで党組織指導部副部長と宣伝扇動部副部長の地位に就いた。北朝鮮で副部長といえば、韓国では行政府次官にあたる要職である。この頃から金正日は、親族との本格的な権力闘争を展開し始めた。

金正日には二人の叔父がいた。

一人は一九一六年生まれの金哲柱《キム・チョルジュ》だ。北朝鮮の宣伝媒体によれば、日帝に対抗し少年革命家として活躍するが、一九三五年六月、抗日武装闘争中に戦死したという。二〇一六年は金哲柱生誕から一〇〇年ということで、「金哲柱同志は、真に偉大な首領様に忠実な革命戦士であり、我が民族が生んだ立派な息子であった」と、金哲柱を褒め称える運動を北朝鮮当局は大々的に行った。

この運動は、弟の金哲柱が兄・金日成の徹底した抗日革命思想にこの上なく大きな影響を受けたこと、息子の金正日も、さらにその息子の金正恩も、金日成の偉大な革命思想を受け継いだことを強調するものである。その意図は、金正恩が北朝鮮の正統な指導者であると北朝鮮人民たちに洗脳すること、また、金哲柱が命をかけて金日成を助けたように、人民たちも命がけで金正恩を助けなければならないと洗脳することにあると考える。

もう一人の叔父が金英柱である。一九二〇年に生まれ、モスクワ大学政治経済学部を卒業した。金王朝一族のなかで最初の海外留学派である。金英柱は金日成の弟という権威を背景にして、一九五四年に党中央委員会指導員への就任を皮切りに、一九五七年に組織指導部課長、四年後の一九六一年に同部長、一九七四年には政務院副首相の職責を引き受けた。しかし、甥（金正日）との権力闘争に敗れ、一九七五年の最高人民会議以後は政界から去った。金日成が死去する一年前の一九九三年に副主席として復帰したが、一九九八年に再び退いた。その後、最高人民会議常任委員会名誉副委員長という何の権限もない肩書きだけを持っている。

黄長燁によれば、当時、金正日と金英柱との権力闘争は相当に深刻な状況だったという。金日成は、「英柱は強くないことが欠点だ。その点、正日は叔父に比べて負けん気が強い。それは長所である」と、後継者として弟（金英柱）よりは息子（金正日）を好むような態度を示していたという。結局、金日成は一九七四年二月の党第五期中央委員会第八回総会で、金英柱に対して公式に「事業意欲がなく、私を十分に補佐してくれない」と批判し、金正日を後継者に決めた。金英柱は、甥との殺伐とした権力闘争を繰り広げるなかでストレスにより植物性神経不調和症という稀にみる疾病に罹り、療養所に入院することになった。

金正日が金英柱と権力闘争をしている間、金聖愛は徐々に権力基盤を固めていた。

金聖愛は一九六九年に党中央女性同盟（以下、中央女性同盟）の委員長の職責を引き受ける。それまで、中央女性同盟は労働党の外郭組織にすぎなかったが、金聖愛が委員長に就任して以降は権限が強化され、北朝鮮のすべての女性が加入する国内で最も会員数の多い組織になった。職場で会議をするときには、その職場における中央女性同盟の代表を必ず参加させなければならなかった。当時、北朝鮮の新聞とテレビは、金日成と同じ大きさで金聖愛の写真を報道するようになった。

このような状況のなか、金日成は一九七一年の全国農業大会で「金聖愛の指示は、私の指示である」と公言した。金聖愛は金日成とほぼ同格であると、公式に認める発言だった。これにより、金聖愛はさらに一歩進んだ。金日成の前妻であり、金正日の母である金正淑に対する崇拝事業を中止させたのだ。金聖愛は金日成の寵愛を受けるため、彼の一族を偶像化する運動の先頭に立ち、その一環として、彼の母である康盤石に倣うという運動を展開した。金聖愛の意図は、康盤石を偶像化する一方で金正淑を貶め、その存在を消し、自分こそ康盤石を継いだ金王朝の正妻であると確実に認めさせようとしたことにあったと考える。そうすれば、金聖愛が生んだ金平一が将来、金日成を継いで金王朝二代目の王座に就くことができると考えたようだ。

そのため、金聖愛はまず実弟の金聖甲《キム・ソンガプ》と金聖浩《キム・ソンホ》を要職に就け、金正日を支持するパルチザンの元老たちを牽制し始めた。金聖愛は一九七三年九月、中央女性同盟の公式会議の場で義理の息子を「正日」と呼んだり意図的に無視するなどして、自らの力を誇示したという。当時、金正日は公式の席上で「親愛なる指導者同志」あるいは「親愛なる党中央」と称されていた。

情勢を注視していた金正日は、元老らの全面的な支持を取りつける一方、実妹である金敬姫の夫で党組織指導部指導課長の張成沢に、金聖愛の不正を秘密裏に調査するよう指示する。調査の結果、金聖愛本人の偶像化運動と側近による着服など、深刻な不正が明らかになった。さらに重大なことも判明した。金聖愛の弟で海軍司令部政治委員だった金聖甲が、姉の権力に便乗して好き勝手に振る舞い、甚だしくは金日成が人民大学習堂を建築しようと計画していた土地に彼らの母が生活する豪邸を建築していたことだ。当時の平壌の党幹部が金聖愛によく思われようと、新築許可を出したという。報告を受けた金日成は、自分の権威に挑戦する金聖愛に対し否定的になり、疎遠になったという。

金正日はこの隙を狙って金日成を説得し、金日成は仕方なく、金聖愛に謹慎措置を下すことになる。金正日は金聖愛を権力の座から引きずり下ろし、彼女の側近を粛清することに成功した。そして、彼女の実子で異母きょうだいの金平一、金英一、金慶真は金王朝の枝葉にすぎないときわめて激しい牽制を加え、結局、

［在外公館の役職を命じる形で］国外に追放した。金聖愛は二〇一四年に死亡したという説があるが、真偽は明らかではない。

こうして金正日は、金日成の後継者になる際に最大の障壁であった叔父の金英柱と継母の金聖愛を取り除き、権力闘争の勝者となった。

一九七四年二月一三日、金正日は党中央委員会で政治委員会委員〔現、政治局委員〕に任命され、金日成の公式な後継者としての地位は確固なものとなった。

そして、中央党組織秘書兼組織指導部長や思想担当秘書兼宣伝扇動部長も兼任していた金正日は、北朝鮮の高官に対する人事権及び監察権を掌握する。この頃から金正日は「党中央」と呼ばれるようになり、国内で金日成に次ぐ第二位の権力者となる。以後、一九九四年七月八日に金日成が死亡するまで二〇余年もの長きにわたり父子間で権力を共有し、その間に金王朝の継承者としての手ほどきを受けることになる。

ところで、金正恩が後継者としての指導を本格的に受けるようになったのは二〇〇八年八月に金正日が脳卒中で倒れた後のことだ。それから三年後の二〇一一年一二月一七日に金正日が息を引き取るや、直後に統治者としての地位を継いだ。金正日に比べ、金正恩の後継者としての修業期間はかなり短かった。彼がその地位に就いたばかりの頃、粛清が行われるなど北朝鮮は無秩序な状況だった。それには金正恩の不安定な性格に最大の要因もあったが、後継者としての準備期間が非常に短かったことも重要な原因であるといえる。

さて、権力を掌握した金正日は、父の金日成に対する神格化作業に本格的に着手する。父が〝神〟になれば、自分は〝神の息子〟であり、それが浸透すれば金王朝は永遠に続くはずだと考えたようだ。

金正日はまず、「金日成主義」を宣布する。黄長燁によれば、北朝鮮統治の基本思想である主体思想と金日成主義に実質的な違いはない。しかし、金正日が金日成におもねるために、父の名が入った金日成主義を前面に出したということだ。金日成主義について、黄長燁は次のように説明する。すなわち、革命と建設は人民自らが主人であるという意識を持って主体的に推進していくものである、金日成首領が人民大衆の利益を最も理想的に代表しているのだから、人民大衆の利益を擁護する立場は、すなわち金日成首領を擁護する立場である――そういう詭弁である、と。

さらに踏み込めば、金日成首領は党の脳髄であり心臓であって、人民大衆はその手足である、したがって金日成首領が去れば、人民大衆は社会政治的生命を維持することができない――このような虚構の主張が金日成主義である、と。また、人間には肉体的生命と社会政治的生命という二つの生命があり、前者は生物学的な親から受けるが、後者は金日成首領が与えると主張しているのが金日成主義である。したがって、金日成首領は人民大衆の生命の源であるために選挙を通して選ばれるのではなく、自然発生的に出現して人民大衆の推戴を受けた超自然的な絶対者である、という理屈だ。

金日成首領がこの世に出現するのは一回限りで、その後は金日成首領に最も忠実な人間が後継者になる。後継者に対する忠誠は未来永劫つないでいかなければならない、それでこそ金日成首領に対する忠誠が永遠に持続する――このように、荒唐無稽な理論で構成されている。しかし、このような金日成主義を思想的背景に、北朝鮮では金日成から金正日へ、そして金正恩へと、金王朝が三代も続いているのが実情だ。

金正日は神格化運動の一環として、北朝鮮全域に金日成の銅像を建てた。さらに、史跡地を建設したり、金日成一族に関わる事実を捏造するなどして、美化していく。

一連の運動のなかで最も荒唐無稽なものの一つに、いわゆる「スローガンの木」の発見がある。スローガンの木とは、金日成が率いたパルチザン部隊が抗日武装闘争を展開するなかで、彼の偉業を残そうと樹皮を剥いて「金日成将軍万歳」「朝鮮独立万歳」などと墨で書いたものが残っていた、というものである。金正日はこれを全国的に展開した。

黄長燁は、墨で書いた文字が数十年も雨風に耐えて発見されるなど不可能だ、おそらく、パルチザンの回想――過去、抗日武装闘争をしたとき、刀で樹皮を剥いで文を書きつけた――からアイデアを得た作り話であると考えた。この運動は結局、パルチザン派の中心であった金日成の抗日武装闘争を華美に評価したうえで偶像化しようとする金正日の欺瞞行為にすぎないと筆者は考える。

しかし、金正日の「スローガンの木」発見運動の試みは続けられた。白頭山で「白頭山光明星《クァンミョンソン》誕生」と書かれた木が発見されたという噂を立てたのは、その最たるものだ。自分の生誕地はハバロフスクではなく白頭山の密営であるという〝事実〟を確固たるものとしようとした。自分こそが白頭山の精気を全身に受けこの世に誕生した人物であり、金日成の継承者になるのは歴史が認めた事実である――このように主張したかったのだろう。

一九八〇年、金正日は党中央政治局常務委員、党中央委員会書記、党中央軍事委員会委員に就任する。以後、金正日は北朝鮮の政治と経済、そして軍事に関するすべての情報を掌握するため、その報告体系を管理下に置き、彼を経たうえで金日成に報告するよう、徹底した。もしこのシステムを侵すことがあれば、それは唯一指導体制に対する挑戦とみなし厳格な処罰を与えることで、後継者としての地位を確固なものにしようとした。

国外に目を転じてみよう。

一九八三年、ビルマ（現在のミャンマー）で「アウンサン廟爆破事件」が起こる。各国は北朝鮮が起こしたテロ事件ではないかと疑ったが、金正日はこれを否定し、抗議する。

この事件の経緯は次の通りだ。一〇月九日、韓国の全斗換《チョン・ドゥファン》大統領がビルマを公式訪問した。その際、首都ラングーン（現在のヤンゴン）にあるミャンマー独立運動の英雄アウンサンを祀った廟へ参拝する予定だった。この情報を事前に入手した北朝鮮は、人民武力部偵察局所属工作員のシン・ギチョル、キム・ジンス、そしてカン・ミンチョルにテロを指示した。爆破によって、全斗煥の到着を待っていた韓国の経済副首相・徐錫俊《ソ・ソクジュン》ら随行の閣僚、そして記者を含む一七名が死亡、数十名が重軽傷を負った。幸いにも危機を免れた全斗換はすべての日程を取り消して帰国した。

北朝鮮は、この事件は韓国の自作自演だと主張し、関与を強く否定し続けた。しかし黄長燁は、北朝鮮の権力中枢にいる人々は、あらゆる情報筋からこのテロ事件は北朝鮮が起こしたと理解している、さらに、韓国に対するテロや破壊行為は金正日の指示なしに行うことは不可能である、と述べている。

四年後の一九八七年、「大韓航空機爆破事件」が起きる。一一月二九日、ソウルに向けイラクのバグダード国際空港から飛び立った大韓航空八五八便が、ビルマのアンダマン海域上空で北朝鮮工作員の金勝一《キム・スンイル》と金賢姫《キム・ヒョンヒ》によって空中爆破され、乗客・乗員一一五名全員が死亡した。韓国政府は、翌一九八八年に開催予定のソウルオリンピックを阻止するために金正日が起こしたテロだと発表した。一方の北朝鮮は、同年一二月一六日に行われる第一三代大統領選挙に向けて盧泰愚《ノ・テウ》候補を当選させようと試みた、韓国の自作自演だと主張した。

黄長燁は亡命後の韓国で金賢姫に会った。彼女は北朝鮮で対外調査部所属だったと身分を明らかにしたという。北朝鮮の対外調査部といえば、第三国に駐在しながら対南活動をする部署として知られている。黄長燁は、大韓航空機爆破事件も金正日の指示によるテロであったと回顧録で明言している。

一九九一年、金正日は朝鮮人民軍の最高司令官となる。このことは、それまでの金日成・金正日による共同統治が終わり、権力が金正日一人に集中することを意味した。以後、金日成は息子・金正日の政治諮問役にすぎず、外交関係においても北朝鮮の代表という形式的役割だけを引き受けることになる。黄長燁によれば、金日成はこの頃から三年後に死亡するまで、息子の機嫌を伺いながら暮らしたという。一九九二年二月一六日、金日成は息子が五〇回目の誕生日を迎えるにあたり、彼を褒め称える次のような頌詩《しょうし》まで書き、献詩したという。

白頭山の頂に正日峰聳え
小白水の青い水はうねり流れる
光明星誕生しいつしか五〇周年
文武忠孝兼備され誰もが仰ぐ
万民称頌するその心一つなり
とどろく歓呼は天地をゆり動かす

詩の内容を分析すると、金日成自身が主張したパルチザン闘争の根拠地であり朝鮮民族の霊山である「白頭山」、そのなかでも「正日峰」を特に強調することで、息子の金正日が生まれながらにパルチザンの革命精神を受け継いでいる、ということを浮かび上がらせようとしているのがわかる。白頭山の山と対置される「小白水《ソベクス》」の流れも、金正日が統治権力を継承することはごく自然なことであると強弁しているようだ。

金正日を象徴する「光明星」はすなわち「天」も意味し、地（白頭山）、水（小白水）を含めたこの世のすべての自然と宇宙が金正日の権力承継を当然のこととして受け入れる、という趣旨のようだ。また、これに加え、豊かな知識でもって党や官僚をよく統率し、人民軍の指揮にも精通した金正日を、人民大衆が北朝鮮の唯一の統治者に担ぐことは至極当然である、ということを表現したものであると考える。

一九九四年に金日成が死去した後、金正日は人民軍最高司令官の職責により、「金日成首領様は死なずに、私たちの心のなかに生きている」と宣伝し、「我が人民は、金日成首領様の統治を受け続けている」という金日成遺訓統治（北朝鮮において、前指導者の威光を利用し統治者の地位を世襲、権力を継承すること）を始める。

しかし、翌一九九五年から北朝鮮で大飢饉が起こる。「苦難の行軍」（当時の飢饉と経済的困難を乗り越えるために使われたスローガン）の始まりである。飢饉は一九九八年まで続いた。飢饉の前、北朝鮮では一人につき一日あたりの平均米勧奨消費量は約六〇〇グラムとされ、一人あたり一日に約六二〇グラムの米が配給されていたという。ところが、苦難の行軍が始まってからは配給が約一〇〇グラムに減らされた。配給のない日もあったという。黄長燁によれば、当時、北朝鮮では一年で五〇万人から一〇〇万人が飢え死にしたという。ところが、金正日はこのような状況を解決するために改革開放政策によって人民たちの生活を向上させようとは考えなかった。それどころか、「先軍政治」（「軍隊は人民であり、国家であり、党である」という軍・軍事を最優先させる金正日の指導理念）を叫びながら、すべての政策で人民軍優先という路線を拡大、軍への忠誠を強要し、自身の安泰のみを考えた。そして、国家安全保衛部（以下、保衛部）を動員し、人民の不平や不満を徹底的に監視しようとした。

金日成の死後、金正日は極度の不安状態に陥り、かなり悩んでいる姿を見せたという。ある日のこと、高容姫はピストルを前に置いた金正日を見つけた。その様子に驚き、「あなた、何を考えているの」と叫び声を上げたという（藤本健二、二〇〇三）。

金正日は遺訓統治と先軍政治を前面に出し、自身の統治力を確実に押し進めようと考えたが、大飢饉の発生により国内経済が極度に落ち込み、人民たちの不満が募っていた。この危機を乗り越えるため、金正日は仕方なく、アメリカと対話の道を模索する。

一九九二年五月、国際原子力機関（IAEA）は、核爆弾開発の疑惑がある北朝鮮に対して核査察を実施する。その結果、北朝鮮が届け出たプルトニウムの量が一致せず、IAEAは寧辺核施設に対する特別査察を要求する。北朝鮮がこれに反発し一九九三年三月にNPT脱退を宣言すると、アメリカは北朝鮮核施設に対する爆撃まで言及する。このような状況で〔スイスのジュネーブでアメリカと北朝鮮の高官会議が開かれ、〕一九九四年一〇月二一日、金正日は核開発を諦める見返りに、アメリカから軽水炉・原子炉発電所二基と毎年五〇万トンの重油の提供を受けること及び政治的、経済的に円満な正常化を推進するなどを条件とする、アメリカと北朝鮮間の非公開の「ジュネーブ合意」〔いわゆる「米朝枠組み合意」〕を交わした。

これによって、北朝鮮の核問題が一時的に封じ込められた。金正日はジュネーブ合意の報告を受け、アメリカのクリントン大統領から降伏文書が送られてきたと党幹部に誇ったという。このような金正日の瀬戸際戦術によって、彼が北朝鮮を統治する間、アメリカと韓国は終始、外交的に不利な立場になった。金正日が降伏文書だと云々し自らを過大評価して側近たちに自分を過度に誇示する姿は、金正恩にもそのまま見られる精神病理の一つの表われである。

一九九七年一〇月八日、金日成の三年の喪を終えた金正日は、党総書記に就任する。同年一二月、韓国の大統領選挙で新政治国民会議の金大中《キム・デジュン》が新韓国党の李会昌《イ・フェチャン》を降し、第一五代大統領に当選する。一九九八年二月、金大中は政権運営の一環として、対北宥和政策（いわゆる「太陽政策」）を施行する。このような雰囲気のなかで一九九八年一一月一八日、韓国の観光客が南北分断後初めて、北朝鮮の金鋼山《クムガンサン》を観光した。

一九九九年六月一五日、金正日は第一延坪《ヨンピョン》海戦を誘発する。これは西海《ソヘ》〔黄海〕に浮かぶ延坪島隣近で北方限界線（NLL）〔一九五三年の朝鮮戦争休戦後に国連軍が黄海上に引いた境界線で、北朝鮮は無効を主張している〕を越えて韓国領海を侵犯した北朝鮮艦艇に対し、韓国艦艇の反撃で起きた南北海軍間の軍事的交戦である。この海戦で北朝鮮側は魚雷艇が一隻沈没、警備艇一隻が大破され、五〇余名の死傷者が出た。一方、韓国側は高速艇と哨戒艦の一部損傷及び韓国海軍七名が負傷した。

翌二〇〇〇年六月一三日から一五日にかけて、金正日は金大中大統領と南北首脳会談を平壌で開催し、最終日に「六・一五南北共同宣言」を発表する。内容は、統一問題の自主的解決、一国家二体制の統一計画協議、離散家族問題の早急な解決、経済協力を含めた南北間の交流の活性化、金正日のソウル訪問などである。

金正日は南北首脳会談を多いに利用した。食糧難と石油などのエネルギー不足の問題を解決して韓国からドル支援の実利を手に入れ、経済的窮乏から脱するきっかけを作りながら、自身の統治体制を堅固にすることになる。金大中大統領は地球上に唯一残った冷戦地域である朝鮮半島に平和を醸成する努力を見せたことで、二〇〇〇年一二月一〇日にノルウェーのオスロで韓国人初のノーベル賞である平和賞を受賞した。

二〇〇二年六月二九日、金正日は第二延坪海戦を誘発する。二年前の南北首脳会談から平和的な雰囲気が持続するなか、西海の延坪島海上で北方境界線を侵犯した北朝鮮警備艇一隻が韓国の高速艇大鷲《チャムスリ》三五七号を攻撃し、二五名の死傷者を出した。韓国海軍は反撃し、北朝鮮警備艇一隻が炎に包まれながら、残りの一隻とともに北朝鮮海域に退却した。この日は韓国と日本が共同開催した第一七回サッカー・ワールドカップ大会最終日の前日にあたり、四強まで上りつめていた韓国はお祭り騒ぎに包まれていた。

この事件は、予測不可能で疑い深い性格の持ち主である金正日が、「韓国の金大中政権は本当に太陽政策を持続的に行うかどうか、一度刺激を与えて反応を見よう」と企てた事件であると考えることもできる。

このように、金正日は他者を強く疑う偏執症状ゆえに側近に、「誰が私の敵なのかわからないので安心して眠ることができないし、たまに悪夢を見る」「鉄桶のように団結した軍隊と三〇〇万人の党員さえいれば、どんなことがあっても我が共和国は健在である」とまで言っていたのだと考える。

二〇〇四年四月二二日、平安北道《ピョンアンブクド》龍川郡《ヨンチョングン》龍川駅で大規模な爆発で一五〇余名が死亡、一三〇〇余名が重軽傷を負う事件が起こった。原因は、硝酸アンモニウムを積んだ列車と油類輸送列車の衝突で高圧電線が切断され、そのときに発した火花が油類輸送列車に引火し連鎖的な大規模な爆発が発生したと伝えられる。

この事件は、金正日に対する暗殺事件ではないか、という疑問が提起された。これに対して近藤大介（二〇一五）は、『習近平は必ず金正恩を殺す』で次のように述べている。

> 二〇〇四年四月一九日、金正日が中国を訪問したとき、中国政府の幹部からこのような情報を聞いた。「委員長様暗殺計画を入手しました。中国政府機関が確かな情報員から得た情報です。中国国内の警備を最大限強化し、鴨緑江までは中国政府が責任を負って送ります。しかし、万が一の状況を考慮して身辺安全に万全を期してください」。仰天した金正日は中国政府と協議して帰国時間を八時間繰り上げた。ところで四月二二日、中朝国境から北朝鮮側に二〇キロメートル入った龍川地域で大規模爆発事故が起こった。半径五〇メートル以内の建物がすべて吹き飛んでしまった大惨事であった。この爆発事故の起こった時刻は、正確に金正日総書記が乗った「一号列車」が龍川駅を通過することになっていた時刻であった。金正日の日程を管理した金容三《キム・ヨンサム》鉄道相はその後、処刑された。

この事件以後、金正日は強い猜疑心による偏執症状がさらに悪化したと知られている。

二〇〇七年一〇月二日から四日まで平壌を訪問した韓国の盧武鉉《ノ・ムヒョン》大統領と金正日の間で、第二次南北首脳会談が開催された。会談の結果、六・一五南北共同宣言の維持及び積極に実現していくこと、南北間の相互尊重と軍事的敵対関係の終息、南北間の恒久的平和体制構築などを盛り込んだ宣言文を採択した。

金正日は二〇〇八年八月に女子高射砲部隊を視察して以降一切、活動を公にしなかった。健康上の問題があるのではないか、と国内外の専門家が推測した。

それから二年後の二〇一〇年一〇月一〇日、党創建六五周年記念式に現われた金正日は、以前とは全く異なる容相をしていた。左脚を引きずり、左腕の動きも不自然で、左手を懐の中に入れていた。拍手するときも、麻痺があると思われる左手を下に残し、右手で打ち下ろす様子を見せたりした。

このような事実から、金正日は二〇〇八年八月に脳卒中を起こして大脳右側に損傷を負ったと、医学的に推定できる。また、右頬にあった黒いあざのようなものが以前に比べてかなり大きくなったことから考えると、腎臓も悪くなっていたようである。腎臓機能が低下すれば、血液中の尿素窒素を正常に排出することができない。尿素窒素の過多によって皮膚は黒くなるのだ。

健康が悪化した金正日はこの頃から、息子の金正恩に対し後継者としての本格的な指導を始めたと考えられる。

二〇一〇年、金正日は「天安《チョナン》艦沈没事件」と「延坪島砲撃事件」を起こした。

天安艦沈没事件は三月二六日、西海の白翎島《ペンニョンド》付近〔韓国海域〕で、韓国の哨戒艦である天安艦が北朝鮮のヨノ型潜水艇〔ヨノは朝鮮語で鮭の意〕と推測される潜水艇から攻撃され、沈没した事件である。この事件で韓国海軍四〇名が死亡、六名が行方不明になった。

八ヵ月後の一一月二三日には延坪島砲撃事件が起こる。北朝鮮が西海の延坪島を無差別に先制砲撃し、韓国軍海兵隊がK9自走砲で反撃した。この事件で韓国軍海兵隊二名が戦死、一六名が重軽傷を負っただけでなく、民間人も二名が死亡、三名が重軽傷を負った。韓国の反撃による北朝鮮の被害状況は不明だ。六・

二五事変休戦協定を結んで以後、北朝鮮が韓国を砲撃して民間人が死亡した初めての事件である。

両事件は、金正日が脳卒中で倒れてから多少回復した頃に起きている。金正恩を後継者に決め、その指導の一環として起こした事件として知られる。韓国とアメリカをどう扱うか、金正日は金正恩に次のように教えたのであろう。まず、韓国とアメリカを仲違いさせることで、韓国をアメリカの軍事的保護から分離させる。次に、韓国内の北朝鮮同調勢力を活用し、韓国内部を分裂させて無力化させる。その後、北朝鮮の意図通りに韓国を牛耳り、朝鮮半島から米軍を撤退させ、最終的に南北朝鮮を金王朝の掌中に収めなければならない、と。

二つの事件は要するに、金正日が計画し金正恩が実行した事件と言えよう。特に延坪島砲撃事件は、北朝鮮は金正恩が砲兵専門家であると宣伝していることから、砲部隊を動員して延坪島を砲撃させることで、金正恩が確固たる後継者であることを、金正日が北朝鮮軍部に刻印させたくて起こしたと考えられる。金正日は、金正恩が軍部を掌握すればその後の権力継承を順調に進めることができる、と計算したのだろう。そのためには、韓国への軍事攻撃も臆さない金正恩の姿を軍部に知らしめる必要がある、と考えたはずだ。

二〇一一年一二月一七日、金正日は六九歳で死去する。金正日は、金日成誕生一〇〇周年にあたる二〇一二年に強盛大国〔「思想、政治、軍事、経済の強国」を意味し、その全分野において社会主義強国を築こうという北朝鮮の目標〕を成し遂げる、と国内外に宣伝してきた。強盛大国を成し遂げてから金正恩に社会的、経済的に安定した北朝鮮を継がせようと、金正日は計画したようにみえる。

しかし、強盛大国を達成するには、経済問題の解決が最優先だ。このため、金正日は三つの経済目標を設定する。主体《チュチェ》繊維〔主体思想に基づいた繊維事業〕の開発及び主体鉄鋼〔主体思想に基づいた鉄鋼事業〕開発、そして熙川《ヒチョン》発電所の完工である。このうち、主体繊維開発と主体鉄鋼開発は結局、失敗する。金正恩に希望を託し、完工を任せた熙川発電所建設さえまともに進まなかった。そのような状況を把握した金正日は、死去する前日、ひどいストレスを受けたという。これが脳卒中の後遺症と慢性腎不全で血液透析を受けていた金正日の健康状態を急速に悪化させ、心筋梗塞を引き起こして死につながったと思われる。

四　金正日の女性たち

金正日には四人の妻がいた。

最初の妻は既婚者——友人の兄の妻——で五歳年上の成恵琳だった。わずか七歳で母と死別した金正日にとって、満たされなかった母性愛を教えてくれた女性と言える。二番目の妻は、父の金日成が自ら選び、金王朝の正妻として認められ、唯一正式に婚姻した金英淑である。三番目の妻が、金正日自ら「本当に愛した」と回想した金正恩の母・高容姫で、最後の妻は高容姫亡き後、金正日がともに暮らした金玉《キム・オク》である。

この四人の他に洪一天《ホン・イルチョン》という女性の名前も挙げられるが、彼女の存在について明確に記されたものはない。

成恵琳

成恵琳は一九三七年一月二四日に生まれた。父は慶尚南道昌寧郡《キョムサンナムドチャンニョングン》に土地を所有し、代々農業を営んできた成有慶《ソン・ユギョン》、母は平安南道鎮南浦《ジンナムポ》出身で、家は貧しいながら東京（日本）へ留学した経験もある金源珠《キム・ウォンジュ》だ。一男三女のなかで、二番目の娘として生まれた。

成有慶は早婚で、すでに一四歳のときに別の女性と結婚していた。しかし、金源珠に出会ったことから妻と離婚し、金源珠と再婚する。成有慶も普成《ボソン》高等普通学校〔旧制中学校。現在の高校に当たる〕を卒業後、東京へ留学していた。日本の敗戦後は南労党中央委員として活動し、越北〔北朝鮮の政治体制に共鳴し、自らの意志で韓国から北緯三八度線を越えること〕した。

金源珠は平壌女子高校を卒業して東京へ留学、その後、民族主義雑誌である『開闢《ケビョク》』の記者を経て共産主義活動に専念し、南朝鮮民主女性同盟文化部長も勤めた。

成恵琳については、一九九六年に西側〔アメリカ〕に亡命した姉の成恵琅《ソン・ヘラン》が自叙伝『藤の木の家』で次のように詳しく述べている。

成恵琳は一九四九年にソウル師範付属小学校を卒業し、豊文《プンムン》女子中学校に入学した。翌年、中学二年生のときに六・二五事変が起きた。ソウルを占領した人民軍が敗走するとき、共産主義者だった母も彼らとともに北へ渡った。母に付き従い、成恵琳も平壌を経て鴨緑江を渡り、中国東北部の牧丹江地区新安鎮に逃れ、疎開公民一一年制中学校に通った。六・二五事変が小康状態になると一家は平壌に戻り、成恵琳は平壌第三女子中学校に編入する。当時一六歳の成恵琳は、道行く人々が歩みを止めるほど美しい顔立ちと体つきの少女であったという。一九五二年に中学校を卒業して金日成総合大学予備科に入学したがその後中退、周囲の勧めで平壌芸術学校に入学し、一九五六年に卒業する。

卒業後、一九歳の成恵琳は、朝蘇《チョソ》文化協会中央委員長で朝鮮作家同盟委員長だった李箕永《リ・ギヨン》の長男・李平《リ・ピョン》と結婚する。

李箕永は越北作家である。『土地』『豆満江《トゥマンガン》』などの作品で党から評価されて平壌に居住、豊かな生活を享受したと伝えられる。

成恵琳が李平と結婚する頃、彼女の実家は夫の家とは違い、かなり困窮していたという。

結婚から一年ほど経った頃、成恵琳は一日に何度も文化宣伝省の門を叩いた。その数は一六回にのぼることもあったという。交渉を担当した母・金源珠の必死の支援のもとで、文化宣伝省傘下にある演劇映画大学に入学した。初の既婚大学生である。当時、北朝鮮では既婚者は大学に入れないという原則があったが、これを破ったのが成恵琳だったという。

演劇映画大学卒業班のとき、成恵琳は『分界線の村で』という映画の主人公として出演した。映画を観た金日成がこれを高く評価し、その後、『温井嶺《オンジョンリョン》』『百日紅《ペギルホン》』などに出演する機会を持ち、国内でも有名な女優になったという。

金正日は南山高級中学校に在学していた頃、すでに成恵琳と顔見知りだった。当時一四歳の金正日は李箕永の二男と交友関係にあり、彼の家をよく訪問していた。このときに金正日は友人の兄の妻だった成恵琳を知るようになったという。

それから何年か経って成恵琳は、平壌芸術映画撮影所で映画を楽しんでいた金正日と再会する。金正日が成恵琳に関心を示したことで彼女は功勲俳優になり、労働党への入党が許され、海外映画祭にも参加するなど、相当な恩恵が与えられたという。

成恵琳には、李平との間に一人娘がいた。しかし、一九六七年に金正日は成恵琳を離婚させて秘密裏に同居を始めたという。この同居が秘密にされたのは、金正日が当時、継母の金聖愛と権力争いをしていたことが要因にある。人妻と同居しているという事実が金聖愛を通して金日成に伝われば否定的評価を受け、後継者候補から振り落とされる危険性があったのだ。

一九七一年五月一九日、成恵琳は金日成の初子となる金正男を産む。しかし、金日成は彼女を息子の正妻として認めない。それどころか、一九七三年、夫（金正日）は舅（金日成）が正式に決めた金英淑と婚姻する。義妹の金敬姫は、成恵琳が兄と一緒に暮らすことに最初から不満を持っていたという。金敬姫は成恵琳に向かって、「お義姉さんは私のお兄さんより歳上で、一度結婚して、子どももいる女です。正男は私が育てるので、出て行かれなさい。老後は保障して差し上げます」などと汚い言葉を浴びせたという（李韓永、二〇〇四）。

高容姫の登場で金正日の関心がさらに遠のいた成恵琳は不安を募らせ、不眠も続いたうえ、鬱病もひどくなった。一九七四年からモスクワで孤独な療養生活を送った成恵琳は、二〇〇二年五月一八日、ひっそりとこの世を去った。

成恵琳の生き様を知ると、胸をえぐられるような思いになる。彼女の一家離散という「ドラマ」は、南側の地主農家の息子で共産主義にかぶれた父・成有慶から始まる。彼は自ら越北したが、南労党出身でありブルジョアであったという理由で、北朝鮮では最も下級の階層に転落した。母の金源珠は北出身の熱烈な共産主義者であったが、東京へ留学したインテリとして批判を受け、労働党から見放される。成恵琳が金正日と同居している間は、二人は金正日からある程度面倒を見てもらうことができた。しかし、金正日の成恵琳に対する関心が薄まるにつれ、彼女の家族に対する金正日の支援も徐々になくなっていった。

成恵琳には兄と姉がいた。兄は四歳上で、成日耆《ソン・イルギ》という。六・二五事変前の一九四九年の春、咸鏡北道会寧にあった南朝鮮短期養成遊撃隊訓練機関である第三軍官学校を経て、その年の秋に太白山《テベクサン》遊撃隊で南側に侵入。その後捕虜となるが、転向して韓国に定着する。

二歳上の姉の成恵琅は、成恵琳に代わり甥の金正男を養育していたが、一九九六年にスイスからアメリカに亡命した。

平壌で金正男とともに生活した成恵琅の息子・李韓永《イ・ハニョン》は、一九八二年にスイスを経て韓国に亡命した。彼は一九九六年、『金正日が愛した女たち――金正男の従兄が明かすロイヤルファミリーの豪奢な日々』を執筆し、金正日の私生活と北朝鮮の権力内部を赤裸々に公表した。これにより、李韓永は北朝鮮からのテロ及び暗殺の脅威に苦しむようになる。そして一九九七年二月一五日、北朝鮮工作員と思われる二人に狙い撃ちされ、その一〇日後に死亡した。成恵琅の娘の李南玉《リ・ナムオク》は、それより前の一九九二年にアメリカに亡命していた。

金正日が長男の金正男をなぜ後継者に指名しなかったのか。その理由は後述するが、第一に、前述のように母が金正日と同居する前、すでに前夫との間に娘がいる人妻であったこと、そして、彼女の一族の行跡が関わっていると考えられる。

金正男の母方の祖父母・成有慶と金源珠の出身成分。伯母と従兄がアメリカ及び韓国へ亡命したこと。さらには金正日自身が、離婚させて側に置いた成恵琳の生んだ子が「はたして自分の実子だろうか」と疑ったこと。これらのことから判断して、金正男は長男であっても、後継者として立てるには限界があると金正日は判断したのだろう。

金英淑

金日成は、金正日と成恵琳が同居していたことを知らなかった。息子を早く結婚させようと焦ったのか、金日成は一九七三年に、金正日の執務室のタイピストであった金英淑と結婚させる。金正日が三二歳のときだ。

金英淑は金正日の他の三人の女性――成恵琳、高容姫、金玉――と異なり、金日成から息子の正妻として認められ、また、公式に婚姻した唯一の女性である。

二人の間に、金雪松（一九七四年）と金春松《キム・チュンソン》（一九七六年）という二人の娘がいることが知られている。金日成は、一九七一年に生まれた金正男の存在を、彼が四歳になるまで知らなかった。そのため、金雪松を初孫と思っていたという。金日成は初孫を可愛がり、自ら「雪松」と名付けたという。

金英淑についてはほとんど知られていないが、成恵琅の自叙伝『藤の木の家』のなかで、金正日が金英淑と結婚した日のことが次のように綴られている。その日、金正日と成恵琳が一緒に暮らしていた家に、金敬姫が兄を迎えに来たのである。

正男が三歳のとき、恵琳は病気に罹った。この頃、正日は父（金日成）から、結婚しろという指示が下された。恵琳は彼（金正日）に結婚を奨めた。そうすれば、子ども（金正男）を奪われることなく、隠して育てることができると考えたのである。恵琳が三歳になった子ども（金正男）をおんぶして庭先の桃の木の下にいるとき、正日の妹、敬姫が来た。兄を連れに来た、と言うのである。兄の花嫁を迎え入れるためだ、とにおわせて……そのときまで金秘書（金正日）は、そのような罪なことを恵琳の面前ですることはなかった。その日が「宴会日」だと思ったらよいのに、指導者は昼寝だけしていた。敬姫が来たから背を向けて寝返った。……「行きましょう。お兄さん、行きましょう」。お姫様（金敬姫）は、うんざりしてお兄さんに催促した。彼女は、正日を起こして連れて行った。……恵琳は息子を背負ったまま、杏の木の横にぼんやりと立っていた。……女（金英淑）を迎え入れたのか入れなかったのか、恵琳との生活は変わりがないけれども……純粋で正直、一途であった恵琳は、遂に耐えることができなかった。不眠症や不安による神経症、発作などを生じ、母（金源珠）は、この子（成恵琳）をモスクワに治療のために送り出した。子ども〔金正男〕の面倒は、母が全面的に引き受けた。

高容姫

高容姫は金正日の三番目の妻で、一九五二年六月二六日に生まれ、乳がんが原因で二〇〇四年八月一三日に死亡したと伝えられる。

金正日との間に二男一女をもうけた。金正哲（一九八一年）、金正恩（一九八四年）、金与正（一九八九年）である。

高容姫は日本の大阪で生まれたことが知られている。一九六二年、在日朝鮮人の北送事業〔帰還事業〕で家族とともに船に乗って北朝鮮に渡り、一九七一年に万寿台《マンスデ》芸術団に入団、舞踊家として活動する。一九七五年頃、金正日の秘密パーティーに同伴するようになり、一九七六年から金正日と同居したと伝えられる。

父の高京沢《コ・キョンテク》は済州島《チェジュド》の北済州郡《プクチェジュグン》出身で、一九二九年に日本に渡り、大阪の広田軍服工場で幹部職として働いた親日行為者と推測されている〔韓国、北朝鮮で「親日」とは、反民族、売国奴を意味する〕。このことから、北朝鮮人民たちの間で、金正恩は「白頭血統ではなく、富士山筋」との噂もあるという。

高容姫の五歳下の妹である高容淑《コ・ヨンスク》は、北朝鮮金策《キムチェク》工業総合大学で電子工学を専攻した夫の李剛《リ・ガン》とともに、一九九八年にスイス駐在アメリカ大使館を通してアメリカに亡命した。亡命前の約二年間、高容淑夫妻はスイスで北朝鮮外交官と偽り、金正恩の保護者としての役割を果たしていたと伝えられる。

金正日が二〇一一年一二月一七日に死去した後、北朝鮮はその後継者兼統治者として登場した金正恩とともに、高容姫を「先軍朝鮮の偉大な母」と美化する映像物を製作し、偶像化するキャンペーンを二〇一二年初頭から始めた。目的は、映像媒体を通して金正恩の曽祖母・康盤石、祖母・金正淑に続き、高容姫を金王朝の正妻として公認すること、そして、高容姫から生まれた金正恩は金王朝の正統な承継者という事実を国内外に宣伝することにあるとみられる。

その後、北朝鮮では高容姫偶像化キャンペーンを中止する動きもあったが、金正恩は二〇一二年五月頃、母の墓所を平壌大城山《デソンサン》区域に大規模に造成した。金日成と金正日の遺体が安置された錦繍山《クムスサン》太陽宮殿から、わずか四キロメートル離れた場所である。

北朝鮮当局は二〇一六年一一月一六日に「母の日」を迎えるにあたり、金正恩の曽祖母・康盤石に対しては、「革命の遠い道に大きな一歩を踏み出せと金日成首領様の背中を押してくださった康盤石お母様の力強い姿を、この国の母たちはいつも心のなかに深く抱いて暮らす」と賛辞を送った。また、祖母・金正淑に対しても、「朝鮮の偉大な母である金正淑同志は革命家として、人間として、どのように生き、闘わなければならないかという崇高な模範を示してくれた、世界的進歩女性の立派な鏡」と誉め称えた。しかし、高容姫に対しては何も触れなかった。

高容姫の偶像化キャンペーンが中止になったのは、第一に、彼女が在日僑胞出身であることが理由だ。北朝鮮で在日僑胞は、かなり否定的に見られている。韓国では日本人を軽蔑して呼ぶとき、「チョッパリ」と言う。同様に、北朝鮮では帰国した在日僑胞を「チェッポ」と呼ぶ。日本が朝鮮半島を統治していたときに抗日運動に参加しなかったうえに、日本に住んで資本主義にかぶれ、反社会主義思想を持つようになったとみなしているからだ。金正恩は、母が出生の他にも万寿台《マンスデ》芸術団の舞踊家出身であること、さらに叔母夫妻が北朝鮮を裏切りアメリカに亡命した脱北者であるという事実を考慮し、高容姫の偶像化キャンペーンを暫定的に中止したようだ。

高容姫の私生活やファーストレディとしての公の生活について、韓国ではほとんど知られていない。

最初の妻の成恵琳は不安や不眠、鬱などによる精神的な症状が深刻になり、一九七四年から専門的な治療を受けるために長期間、モスクワに滞在した。成恵琳は金正日よりも年上の既婚者で娘も一人いたこともあり、高容姫とは違い、金正日に対して従順ではなかった。公式に婚姻した金英淑に対しては、金正日は女性としての魅力を感じることができなかったようだ。こうしたことから、孤独を苦手としていた金正日が一九七六年から高容姫と同居を始めたのは、自然の流れだと考えられる。

前述のように、金正日が七歳のときに母の金正淑が死亡した。五歳年上の成恵琳と同居することで、幼い頃に十分に受けることができなかった母性愛を、彼女に求めた可能性がある。また、金正日自身の過ちによって母が身代わりとして罰を受け、永遠に失ってしまったのではないかと幻想し、無意識的に年上の成恵琳を母と同一化し、彼女を大切にすれば自分の過ちが消え、母を幻想のなかで復活させることができるのではないかという期待を持って、彼女と同居したのかもしれない。

こうした側面から見れば、金正日にとって歳上の成恵琳は心理的に負担を感じる存在だったのだろう。一方、九歳下の高容姫は、彼のことを自然に受け入れてくれる気心の知れた存在として映ったのではないだろうか。

高容姫の性格や社会生活に関しては、藤本健二の著書を通して、なんとか推測できる程度である。

藤本（二〇〇三）によれば、高容姫は日本の国民的女優である吉永小百合に似た、相当な美人だという。吉永小百合は日本の名門私立大学である早稲田大学で西洋史学を専攻し、政治的、社会的分野に関心が高く、知的イメージを備えた女優だ。韓国の女優・李英愛《イ・ヨンエ》が日本を訪問したとき、日本のメディアは彼女を「韓国の吉永小百合」と報道したという。このような事実から考えると、高容姫は知的で美しい人だったのだろう。

ある日、高容姫は金正日のベンツに乗ってデートしたときの話を周辺に聞かせた。二人は一晩中、車のなかで韓国の歌を聴いたそうだ。また、一九七八年の韓国大学歌謡祭で沈守峰《シム・スボン》（韓国で著名なシンガーソングライター）が歌った「その時、その人」を高容姫は大勢の前で披露したという（藤本健二、二〇〇三）。高容姫が万寿台芸術団の舞踊家出身で芸能に優れていたからこのような姿を見せたのだろうが、ロマンチックで開放的な性格でもあったのかもしれない。

高容姫は料理も上手だった。淡水魚のナマズを上手に調理したり、夏には自らとうもろこし麺を作って周りの人に振る舞うなど、腕前も良く気さくだったという。においに敏感な金正日のために香水を使わず、ネックレスや指輪などの宝飾品で飾ることもせず、服の色も派手なものは慎んだという。また、金正日と一緒に集まりに参加してもでしゃばらず、目下の人々に居丈高な態度をとることもなかったようだ（藤本健二、二〇一〇）。

高容姫はいつも金正日の意見を尊重し、彼の身の安全のためには自分を犠牲にすることも恐れなかったという。

一九八七年の大韓航空機爆破事件が発生したときのことだ。金正日は藤本に、「この事件は我々がしたことであると思うか」と尋ねたという。藤本が、「そんなことをして、北朝鮮に何の得になりますか。国家のイメージが悪くなることはしないと思います」と答えると、高容姫がすぐさま、「そうでしょう。そんな事件が起こる度にいつも我々のせいにするのだから」と言い、金正日を強く擁護したという（藤本健二、二〇一〇）。

一九八〇年代後半、咸興招待所で夕食を終えた金正日がひとり外に出て風に当たっていたとき、偶然に警護役の副官（ＳＰ）が密かに酒を飲むのを目撃したという。金正日が副官（ＳＰ）に大声を出すと、酒に酔っていた副官（SP）が金正日にうっかりと銃を向けた。そのとき、副官（SP）の前に高容姫が立ちふさがったという。その後、金正日は高容姫に対し、「あのとき私は死ぬかもれないと思った。あなたのおかげで助かった。本当にありがとう」と、何度も口にしたという（藤本健二、二〇一〇）。

金日成が死亡したとき、金正日は失意のどん底だった。情緒的にも不安定な状態で、やつれた青白い顔をして、執務室の机の上に置いたピストルをじっと眺めていた。その姿を見た高容姫が、ピストルを素早く取り上げ、片付けたこともあったという（藤本健二、二〇一〇）。

高容姫はロマンチックで開放的、のんびりした性格だったようだが、このような状況での行動からは、冷静沈着、強い精神を備えた女性でもあったと判断できる。「外柔内剛」が彼女を表現するのに最も適切だと思う。

実際、金正日と高容姫を含む複数人で、誰が一番長く水中に潜っていられるか競争をしたことがあった。意外にも金正日は二八秒で水面に頭を出したが、高容姫は一分五〇秒も耐えたという（藤本健二、二〇一〇）。高容姫が我慢強く、競争的な性格の持ち主であることをうかがえる一面である。

高容姫は金正日の妻としての役割だけでなく、金正日の執務をすぐ側で細心に補佐する秘書的業務もこなしていたが、その量は膨大なものだったという（藤本健二、二〇一〇）。二〇〇〇年一二月のことだ。間もなくクリスマスを迎えようとするある日、高容姫は脳梗塞が原因と思われる発作を起こした。右半身をうまく動かすことができなかったのだ。大好きなジャージャー麺を食べているときに箸を落とし、まともに拾い上げることができなかったという。しかし、症状はそれほどひどくなかったようだ。フランスで治療を受け、後遺症もなく帰国したという。藤本は高容姫の死亡原因を、乳がんではなく、金正日を補佐するという過度な業務と、一九九八年に妹の高容淑夫妻がアメリカに亡命するというストレスから四七歳の若さで起こした脳梗塞である、と推測している。

しかし、筆者は藤本の考えに同意しない。高容姫は一九九三年にフランスで乳がんの手術を受けたことがあり（藤本健二、二〇一〇）、それから約一〇年後の二〇〇四年八月一三日に死亡したことから、死亡原因は乳がんの再発だと筆者は考える。最初に発病したとき、フランスでまともな手術を受けたのかどうかは不明だが、高容姫が北朝鮮の統治者・金正日の妻であるとはいえ、同国の劣悪な医療環境を鑑みれば、その後、まともに放射線治療や抗がん剤治療を受けられたのかどうか。再発しないよう、適切な医療行為がなされたのかどうか、疑問だからである。

金正日は二〇一一年一一月、平壌産院に付属機関である乳腺腫瘍研究所を設立するよう、指示する。彼の死の直前、一ヵ月前のことだ。研究所には乳腺撮影室、超音波室、手術室及び入院室、抗がん剤治療室などが揃っているという。まるで、高容姫がまともに乳がん治療を受けることができずに死んだことを悔いて研究所の設立を指示したようだ。

翌二〇一二年七月、金正恩は研究所の建設状況を視察した。研究所は同年一〇月に完工し、その一ヵ月後に再び、金正恩は研究所を視察したという。北朝鮮当局は、金正恩が「建設中にも、完成したときにも訪ねてこられ、保健部門で乳がんを早期発見するための検診体系を徹底的に打ち立てることを教えてくださり、明るく微笑まれた敬愛する元帥様」と言い、彼の研究所に対する関心を強調した。これは、母の高容姫の死亡原因が乳がんと関連しているからだろう。

金正日は二〇〇二年に初恋の人で最初の妻・成恵琳を亡くした。それからわずか二年後、彼が最も愛した女性である高容姫さえも、自分の側から永遠に失うという状況を迎えた。

金玉

金玉は金正日より二二歳年下である。一九六四年八月二八日に生まれ、金星《クムソン》高等中学校を経て平壌音楽舞踊大学でピアノを専攻、卒業後は旺載山《ワンジェサン》軽音楽団でピアニストとして活動し、金正日の目に叶って秘書に抜擢されたという。

高容姫と同じく、金正日の秘密パーティーにも参加した。脳梗塞と乳がんに苦しむ高容姫が生んだ子どもたち――金正哲、金正恩、金与正――を、彼女に代わって面倒を見る役目をしていたという。金玉は、「私の後を継いで金正日と子どもたちを補佐してほしい」と高容姫が自ら依頼するするほど、実の妹のように高容姫に仕えたという。

藤本は『北の後継者キム・ジョンウン』で、金玉について次のように詳しく述べている。

私（藤本健二）が一九八七年に北朝鮮を再訪問して金正日の宴会などに頻繁に呼ばれて通うようになったとき、金正日の側に座っている彼女（金玉）の姿をしばしば目撃するようになった。高容姫がいるときは、金正日を中心に右側が夫人の高容姫、その横が正恩大将、その横が玉同志（金玉）の順序であった。金正日の左側には与正嬢、その横に正哲大将であった。夫人の高容姫のいないときは、玉同志が金正日の右側に座った。

高容姫や玉同志のいないときがほとんどなかったため、正恩大将が金正日のすぐ右側横に座ることはほとんどなかった。それに食事をするときにも金正日と夫人の高容姫だけが使うことができるフランス製最高級食器を玉同志が使っていた。要するに玉同志は、第一秘書であると同時に夫人の高容姫も公認した愛人であったのである。

玉同志の身長は、夫人の高容姫より少し低い一五八センチメートルくらいである。白い肌に白い歯を見せながら笑う顔がたいへん魅力的であった。丸い顔の清楚な美人という点では、夫人の高容姫とも共通した部分があり、実に金正日が好むタイプと言えるであろう。玉同志は、夫人の高容姫と一緒に金正日の執務を補佐していたが、秘書としての能力が非常に優れていた。パソコンもうまく、金正日のスケジュール管理も担当した。夫人の高容姫と共に金正日が行くところにはほとんど同行した。夫人の高容姫と玉同志の関係は、私が見たところではあまり悪くなかった。二人で親しく談笑を交わす姿を見たこともあり、ギスギスした雰囲気は、全く感じることができなかった。夫人の高容姫ももともとは金正日の愛人であり、夫人ではなかった。

玉同志も全く同じ道を辿っているため、むしろ互いに「同志愛」を感じていたのではないだろうか。玉同志は正哲大将、正恩大将や与正嬢とも幼いときから身近に過ごしたため、彼らも「玉、玉」と呼びながら、親しくした。子供たちには親戚よりも近い存在であり、彼らも母親に対するようにした。したがって、夫人の高容姫が死亡しても、何の問題もなしに官邸で夫人のような役割を遂行したこととみえる。そして、正恩大将が後継者になれば、まさしく横でしっかりと補佐していくであろう。

それまで外部に存在が知られていなかった金玉だが、高容姫亡き後の二〇〇六年一月一〇日から一八日まで八泊九日間の日程で、金正日の中国訪問に付き従った。そして、金正日と胡錦濤主席との会談のときにはファーストレディのように振る舞い、対外的に知られるようになった。

その後も藤本が考えた通り、金玉は事実上、金正日の妻でファーストレディとしての役割を果たしていた。そして、二〇〇八年に金正日が脳卒中で倒れた後、金正日の妹である金敬姫とその夫・張成沢とともに安定的に体制を管理し、金正恩を金正日の後継者にすることに関与したという説もある。

しかし、藤本の予測と違うのは、二〇一二年七月に金正恩が平壌の綾羅《ルンラ》人民遊園地竣工式に参加したときに彼の後ろに立つ金玉の写真が公開されて以降、北朝鮮のメディアにまったく登場していない。

このような金玉の状況に対し、『朝鮮日報』〔韓国で最も発行部数の多い日刊新聞〕は二〇一六年七月二六日、次のような内容を報じた。

金玉は粛清され、実家の家族とともに収容所に送られた、という情報がある。「自由アジア放送」〔一九六六年にアメリカ議会の出資により設立された短波ラジオ放送局。したがって、番組の内容はアメリカの国益により左右される〕は最近、平壌を訪れた中国人事業家の言葉として、「金正恩の執権から一年も経たないうちに、金玉は政治犯収容所に送られたという話を労働党幹部から聞いた」と報道した。中国人事業家は、「彼女の実家の家族も皆、ともに政治犯収容所に収容されたと聞いた」が、それは「金玉の弟である金均《キム・キュン》の傍若無人な行動と傲慢な態度が決定的理由になったそうだ」と明かした。金玉の父・金孝《キム・ヒョ》は労働党財政経理部副部長、弟の金均は金日成総合大学第一副総長だったと伝えられる。

「自由アジア放送」によれば、金正日の死後、保衛部が金孝の横暴について金正恩に報告したという。「自由アジア放送」は他の対北消息筋として、「北朝鮮体制の特質上、金正恩が統治者になれば、金玉はいずれ除去される運命である」「金日成の死後、彼の二番目の妻だった金聖愛が静かに消えたことを見ても、容易に見当がつく」と言った。北朝鮮専門家は金玉を粛清しなければ、高容姫の偶像化に困難が予想され、金正恩の妻・李雪主《リ・ソルジュ》と妹・金与正の政治的歩みに障壁になりうると分析した。

金玉は金正日の死からわずか四日後の二〇一一年一二月二一日に最初の、そして二〇一二年二月一六日の金正日生誕七〇年の行事を終えた翌一七日に、二度目の自殺を試みたと伝えられる。

二度にわたる自殺の試みは、金玉が実際に死を望んだというより、金正恩に対して自分がいかに金正日に忠実であるかを示し、金王朝の一員として生き残るための凄絶な演出と判断できる。本当に死ぬことを目的としていたならば、二度目の試みではもう少し確実な手段を選択し、絶命しているはずだ。

金玉と金正日の間には幼い息子が一人いるという未確認の情報がある。もしそれが事実ならば、金玉は息子の安全のためにも、金正日に対する忠誠心を示して金正恩の粛正から免れようと、自殺の試みを演じた可能性が高いと判断される。

五　金正日のきょうだいたち

金正日には血のつながった弟と妹がいた。しかし、すぐ下の弟の金万一は一九四七年に金日成の官邸にあった池に落ちて溺死したと伝えられている。その下に、金敬姫という妹がいる。三人は金日成と最初の妻・金正淑との間に生まれた。

この二人以外に、金正日には三人の異母きょうだい——金慶真、金平一、金英一——がいる。彼らは金日成の二番目の妻・金聖愛の子どもたちである。

金敬姫とその夫、張成沢

金敬姫は一九四六年五月三〇日に生まれた。金正日の唯一の実妹で、現在、北朝鮮の最高権力者である金正恩の叔母である。

金敬姫は、平壌人民学校と南山高級中学校を経て、金日成総合大学経済学部政治経済学科を卒業した。その後、一九七二年に父・金日成の反対にもかかわらず、兄の助けを借りて大学でともに授業を受けた張成沢と結婚する。

この結婚について、このとき金日成総合大学総長であった黄長燁は『金正日への宣戦布告――黄長燁回顧録』で、次のように述べている。

張成沢と金敬姫は、経済学部政治経済学科の学生であった。張成沢は、その学科で特に優秀なほうではなかったが、芸術サークルの責任者としてアコーディオン演奏の名手であり、歌と踊りもうまく、何よりも物事の道理に明るくて怜悧であった。

いつからであったかはわからないが、二人が交際しているという噂が密かに聞こえてきた。しばらくして、その噂が金日成の耳にも入った。金日成は、すぐに張成沢の家族関係を調査するよう指示した。調査の結果、張成沢の父方の経歴に問題があるという資料が出てきた。

金日成は、自身の系列とは違う活動家を排斥していたため、怒りながら娘（金敬姫）に今すぐ関係を切れと言った。弟の金英柱（金敬姫の叔父）に対しても、必ず二人の関係を切るよう指示した。

金日成の指示を受けた金英柱は私（黄長燁）を呼んで事情を説明し、二人が会えないように計らってほしいと言った。私は、恋愛中の男女を強制的に引き離せば、さらに会いたい思いが募るという現実を見てきたので、金英柱の指示はただ適当に執行するふりをした。偶然を装い張成沢を捕まえておけという指示が下ると、仕方なく彼の姉の家に行ったが、張成沢が帰ってこなかったと聞くと、それ以上根掘り葉掘り聞くことも、問い詰めることもしなかった。

金敬姫は、総長室にいる私を尋ねてきて、総長先生がなぜ恋愛問題に干渉するのかと抗議した。私はそれまで、彼女のことを幼い子どもにすぎないと思っていたが、このことで非常に意志が強い利発な女性だと感じるようになった。そこで、彼女の叔父である金英柱に会い、金敬姫について話をした。金英柱もしきりに頭を左右に振りながら、金敬姫はあまりにも性格がきつく、兄の金正日も手に負えないのだと言った。

二人が別れるどころか、頻繁に密かに会っていることを知った金日成は、張成沢を金大（金日成総合大学）から退学させ、元山にある経済大学に編入させるよう指示した。金英柱の指示を受けた私はこれ以上、張成沢を守ることができなかった。私は、張成沢に大事にしていた本を与え、勉学に励むように伝えた。

私は、彼らがいつかは再会し結ばれるだろうと疑わなかった。私の考えた通り、後日、二人は結婚した。これがきっかけになり、我が家と張成沢夫妻は親しい間柄になった。

張成沢は、私の息子の敬模《ギョンモ》を家によく招いてくれた。私が第五次党大会の討論の準備をしているときは事務室に夜食を持ってきてくれ、一緒に徹夜しながら、私の原稿を清書してくれたこともあった。

張成沢の三人兄弟は皆、有能で利口であった。彼の長兄の張成禹《チャン・ソンウ》は軍団長で、次兄の張成吉《チャン・ソンギル》は軍党政治委員として勤務していた。

金敬姫は一九七五年に党中央委員会国際部課長として勤務し、一年後の一九七六年には副部長（韓国の次官級にあたる）に昇進した。一九八七年には党軽工業部部長（韓国では長官級）に、翌一九八八年一一月には党中央委員会委員にも選任された。一九九二年に金日成勲章を、一九九五年には労力英雄の称号を受けた。

金敬姫は二〇〇三年九月の第一一期最高人民会議代議員会以後、二〇〇九年六月に金正日の現地指導に随行する姿を見せるまでの約六年間、北朝鮮のメディア媒体に姿を現わさなかった。

この間、張成沢との間にひどい家庭内不和があったうえ、当時、フランスに留学中だった一人娘の張琴松《チャン・クムソン》が二〇〇六年八月に二九歳の若さで自殺したことなどによる鬱病とアルコール依存症で、公での活動ができなかったと伝えられる。

張琴松は平壌の大学を卒業後、フランスに留学した。親しく過ごす友人もなく、パリ駐在北朝鮮代表部にほど近い家で運転手とメイドと暮らすという、退屈な生活を送っていた。情緒的にも殺伐たる環境のなかで過ごしていた張琴松は北朝鮮出身の留学生と出会い、結婚を約束する。

これを知った両親は、娘のボーイフレンドの出身成分が良くないことを理由として結婚に反対し、娘に平壌に戻るよう迫った。憔悴した張琴松は睡眠薬を大量に服用し、自殺の道を選んだという。

金敬姫の父・金日成も、張成沢の出身成分を理由に挙げて結婚に反対したが、彼女は強行した。しかし、結局は張成沢と不和になり、別居状態が続き結婚生活は幸せではなかったと知られている。金敬姫にしてみれば、娘が自分と同じ人生を繰り返すのではないかと危惧し、結婚について口うるさく反対したのであろう。

二〇〇八年に金正日が脳卒中で倒れ身体虚弱になると、金敬姫は兄を積極的に介護したという。

二〇一〇年九月二七日、金敬姫は軍経験がまったくない民間人の身分にもかかわらず人民軍大将の階級を受け、一気に政治的影響力を拡大した。当時、脳卒中で衰えた金正日が権力世襲について不安を口にしたとき、金敬姫は、金正恩を後継者として金王朝三代世襲を成し遂げようとするならば、金敬姫自身が「人民軍大将」の階級を得て北朝鮮軍部を統制する必要がある、と力強く兄を説得したと推測される。

金正日が急死した後、金敬姫は北朝鮮の権力序列を代弁する国家葬儀委員会名簿の一四番目に記され、夫の張成沢とともに金日成と金正日、そして金正恩へと三代にわたる金王朝の世襲権力の核心的な後見勢力として浮上した。

しかし、二〇一三年一二月一二日に張成沢が金正恩によって処刑された後は、公式の席上に姿を現わしていない。二〇一五年一一月七日の李乙雪《リ・ウルソル》・人民軍元帥の国家葬儀委員会名簿にも、金敬姫の名前はなかった。

張成沢の業績を詳細に検討することは、金正恩の精神世界を把握する際にかなり有意義だ。

一九四六年一月二二日に咸境北道清津市《チョンジンシ》〔日本海に面する重要な港湾工業都市〕で生まれた張成沢の最期は、甥（金正恩）による高射銃での処刑だった。

日本の植民地時代、張成沢の父は抗日運動に関与していなかった。しかし、叔父に抗日武装闘争の経歴があったために、張成沢は金日成総合大学に入学できた。

一九七二年、張成沢は金敬姫と結婚する。以後、張成沢は北朝鮮の党及び軍、そして行政府のなかで一気に階級を駆け上がった。

結婚当初は控え目だった張成沢だが、徐々に傲慢に振る舞うようになる。

張成沢は金正日を真似して毎週、側近との秘密パーティーを楽しんでいた。それを一九七八年に保衛部が摘発、直ちに金正日に報告した。これを受け金正日は、妹の夫は資本主義にかぶれているとして、即座に張成沢を降仙《ガンソン》製鋼所の作業班長として左遷し、革命化教育〔実際には処分〕を受けさせた。降仙製鋼所は平壌から自動車でわずか二時間ほどの距離だが、非常に劣悪な環境として知られている。張成沢はここであらゆる苦労を経験したという。あまつさえ火傷まで負ったようだ。

成恵琳が張成沢と二年も離れて暮らしている金敬姫を不憫に思い気持ちを尋ねると、義妹は冷たく、こう答えたという。過ちを犯したのならば当然、処罰されてしかるべきだ、と。とはいえ、成恵琳が金正日を説得し、張成沢は平壌に戻ることができた。

その後、張成沢は一九八二年に党青少年事業部副部長を引き受けたことを機に、再びスピード昇進の道を歩んだ。党青少年事業部第一副部長〔一九八五年〕、最高人民会議第八期代議員〔一九八六年〕、党青少年事業部部長〔一九八八年〕、党青年及び三大革命小組部部長〔一九八九年〕、最高人民会議第九期代議員〔一九九〇年〕、党中央委員会委員〔一九九二年〕、そして一九九四年七月八日に義父の金日成が死亡したときには国家葬儀委員会委員を務めるなど、数々の職責を歴任した。

金正日体制になると、張成沢の昇進のスピードはさらに加速する。金日成遺訓統治期間中は対外活動を公にしなかった張成沢だが、一九九五年一一月に党の要職である組織指導部第一副部長になり、一九九八年九月に最高人民会議第一〇期代議員に選出される。

二〇〇二年一〇月二六日、張成沢は北朝鮮の経済視察団を伴い、ソウルを訪問した。視察団の一行は地下鉄や三星《サムソン》電子、COEX《コエックス》〔国際展示場や会議場、ショッピングセンターなどを兼ね備えた大型コンベンションセンター〕などを八泊九日間の日程で見学して回った。このときの視察団長は朴南基《パク・ナムギ》・国家計画委員長で、長官級の官僚五人も同行していたが、実権は張成沢が握っていたといってよく、視察団員は彼の振る舞いに途方に暮れていたという。二〇〇三年九月、張成沢は最高人民会議第一一期代議員に選出される。

二〇〇四年二月、張成沢は、北朝鮮体育団体の大物であり、力道山〔朝鮮半島出身の日本のプロレスラー〕の娘婿である朴明哲《パク・ミョンチョル》・国家体育委員長の娘の豪華な結婚式に側近とともに大挙して参加し、派閥を作った――権力欲にかられ、分派行為をした――という理由で職務停止に遭う。

この事件は、高容姫が張成沢の台頭を牽制し、自身の息子である金正哲と金正恩を保護しようと、側近の党組織指導部第一副部長である李済剛《リ・ジェガン》及び李勇哲《リ・ヨンチョル》に頼み、張成沢に陰湿な攻撃をしたのが実情であると伝え

られる。二〇〇五年、韓国の統一省長官であった鄭東泳《チョン・ドンヨン》が平壌へ行ったときのことだ。張成沢の安否を尋ねたところ、金正日は「南側に行って爆弾酒〔ウィスキーや焼酎などの蒸留酒をビールやワインなどの醸造酒で割った韓国のカクテル〕も覚えて来たので、病気で休ませた」と笑って答えたという。

二〇〇六年一月、張成沢は党中央委員会第一副部長という権力の前面に三たび復帰し、以後、金正日の現地指導にしばしば同行した。当時、張成沢は金正日に対し、権力に対する野心はないと誓約し、金正哲や金正恩の後継者修業を率先して手伝ったという。二〇〇六年八月に一人娘の張琴松が自殺したことで、子どもがいない張成沢が金王朝に反旗を掲げ張王朝を造ることはない、と金正日は結論したようだ。

二〇〇七年一二月、張成沢は保衛部と保安部などに責任を負う党中央委員会行政府部長になり、同日、党中央委首都建設部部長職も兼任することになる。

二〇〇八年八月に金正日が脳卒中で倒れた後は、金正恩のスムーズな権力継承を総括する後見人役を引き受け、その能力を発揮して金正日の信頼を得た。

二〇〇九年四月に最高人民会議第一二期代議員及び国防委員会委員、翌二〇一〇年六月には同会副委員長に選出され、さらに、内閣副首相にも任命されて兼職する。同年九月には、党中央委員会政治局候補委員、党中央軍事委員会委員に任命される。

金正日の葬式では霊柩車を護衛した八人のなかの一人であった。このとき張成沢は金正恩のすぐ後ろに付き、ナンバー二の権力者であることを誇示した。金正日の死から約一週間後の二〇一一年一二月二五日、張成沢は金正日の遺体が安置された錦繡山記念宮殿に、人民軍大将の軍服姿で現われる。

それからしばらく経った頃、些細なことのように思われるが、張成沢の未来を予測する重要な意味を持つ一つの事件が起きた。

二〇一二年二月二二日、金正恩が競技用銃弾工場を現地視察したときのことだ。射撃訓練選手と監督が支給される銃弾を抜き取り、狩猟用銃弾として市場に売っていたことがわかった。金正恩は張成沢に向けて後ろ指を差し、不満をぶちまける。

金正恩は、大勢の前で叔父の張成沢を見下すような態度をとった。また、北朝鮮メディアが検閲もなくこの状況を報道した。このことから考えると、金正恩が張成沢に対し、今後どのような態度に出るかを推測することができよう。

金正恩が執権を始めたばかりの二〇一二年、彼の現地指導に最も多く随行したのが張成沢で、その回数は一〇〇回を超えたという。特に、彼が北朝鮮の経済開放と改革を指揮する実力者であることは知られていた。二〇一二年八月一三日に党及び軍、そして行政府の高級官僚四〇人余りを率いて中国を訪問し、黄金坪《ファングムピョン》（鴨緑江の中州）と羅先《ラソン》特別市の共同開発について話し合ったこともある。

二〇一三年一一月、張成沢はスポーツを通して国威涵養を図る国家体育指導委員会委員長に任命される。張成沢が公式行事に最後に姿を現わしたのは、この月の六日である。日本の参議院議員であるアントニオ猪木が北朝鮮との体育交流を目的に訪朝し、張成沢などに会った。

同月末頃、金正恩は金元弘《キム・ウォンホン》保衛部長に指示し、張成沢を保衛部特別拘置所に収監して残酷な拷問を加えたと伝えられる。

二〇一三年一二月八日、その日は日曜日だったが、金正恩は党中央政治局拡大会議を緊急に召集し、張成沢の全職責を剥奪、重大な職務違反の疑いで調査するという決断を下す。

四日後の一二日、張成沢は保衛部特別軍事裁判で死刑宣告を受ける。冷たい床にひざまずいた張成沢の前で判決文を冷酷に読み上げたのは、それまで彼の指示に忠実に従っていた金元弘であったという。

金元弘は、最後に一度だけ金正恩に会わせてほしいという張成沢の頼みを無視し、高射銃一〇〇発余りを乱射し張成沢の身体をぼろぼろに粉砕した後、さらに火炎放射器で死体を完全に焼却させたという。

判決文を読めば、金正恩の異常な性格、すなわち猜疑心の強い偏執症、残酷で加虐的な性格、怒りと憎悪に満ちた攻撃性、そして予測不可能な衝動性などを把握することができる。

張成沢処刑に対する「朝鮮中央通信」〔北朝鮮の国営通信社、報道機関〕が発表した原文は、次の通りだ（「ＹＴＮ」〔韓国のニュース専門テレビ局〕から）。

朝鮮労働党中央委員会政治局拡大会議に関する報道に接し、反党反革命分派（党派）分子たちに革命の峻厳な審判を下さなければならないという我々軍隊と人民の怒りの叫びが全国を震撼させているなか、天下の万古逆賊である張成沢に対する朝鮮民主主義人民共和国国家安全保衛部特別軍事裁判が一二月一二日に執り行われた。

特別軍事裁判は、現代版分派の頭目として長期間にわたり不純勢力を糾合して分派を形成し、我が党と国家の最高権力を簒奪する野心の下に、あらゆる謀略と卑劣な手法で国家転覆陰謀の極悪犯罪を敢行した被訴者である張成沢の罪行に対する審理を進めた。

特別軍事裁判に起訴された張成沢の一切の犯行は審理過程のなかで一〇〇％立証され、また、被告もそれを全面的に是認した。

公判では、朝鮮民主主義人民共和国国家安全保衛部特別軍事裁判所判決文が朗読された。

判決文の一言一句は、反党反革命分派分子で凶悪な政治的野心家、陰謀家である張成沢の頭に振り下ろされた憎悪と憤激に満ちた我ら軍隊と人民の峻厳な鉄槌のごときものであった。

被告である張成沢は、我が党と国家の指導部と社会主義制度を転覆する目的の下に反党反革命的分派行為を敢行し、祖国に反逆した天下の万古逆賊である。

張成沢は、早くから偉大なる首領金日成同志と偉大なる領導者金正日同志の厚い政治的信任を得て党と国家の責任ある職位に登用され、偉大なる大元帥御両方（金日成・金正日）の恩徳を他の誰よりも多く授かった。

張成沢は特に敬愛する金正恩同志より以前からさらに高い職務と大きい信頼を授かった。

張成沢が白頭山絶世の偉人の方々より授かった政治的信頼と恩恵は、あまりにもその分を越えたものであった。

信頼には義理で報い、恩恵には忠誠をもって応えることが人としての初歩的な道理だ。

しかし、犬にも劣る醜い人間のクズである張成沢は、党と首領から授かった天空のごとき信頼と熱い家族的愛情を裏切り、天人共怒する反逆行為を敢行した。

奴は、かなり以前から汚らわしい政治的野心を抱いていたが、偉大なる首領様と将軍様の御健勝時はその御前であえてその頭を上げることもできず、その御顔色をうかがいつつ、同床異夢、陽奉陰違（面従腹背）を旨とし、革命の代が変わる歴史的転換の時に至り、ついにその時が来たと悟り、その本性を表し始めたのである。

張成沢は、全党、全軍、全人民の一致した念願と意志によって敬愛する金正恩同志を偉大なる将軍様の唯一の後継者として高く推し戴くことに対する重大問題が討議される時期に、背後で悪巧みをめぐらしながら領導の継承問題を陰に陽に妨害する、未来永劫に許し得ぬ大逆罪を犯した。

奴は、自身の巧みな策動が通じず、歴史的な朝鮮労動党第三次代表者会議で全体党員たちと人民軍将兵、人民の総意によって敬愛する金正恩同志を朝鮮労働党中央軍事委員会副委員長に高く推し戴くという決定が宣布され、全場内が熱狂的な歓呼の渦になった時も、やむを得ず席を立ち上がり、おざなりの拍手をしながら、傲慢不遜な態度を見せたことで我々軍隊と人民の込み上げる怒りを買った。

奴があのとき、無意識的にそのように行動したことは、敬愛する金正恩同志の軍令基礎と領軍体系が固まったあかつきには、それが今後、奴が党と国家の権力を奪取したときの巨大な障碍になると考えたからだと自ら認めたようなものだ。

張成沢は、その後偉大なる将軍様があまりに急に、あまりに早く、そしてあまりに名残惜しく、我々のもとを立ち去ってしまわれるや否や、以前より抱いていた政権簒奪の野心を実現するために本格的に策動を始めたのである。

張成沢は、敬愛する元帥様のお側に仕えて現地指導にしばしば随行するようになったことを悪用し、元帥様の常なるお側役であることをよいことに、自身が革命首脳部と肩を並べる特別な存在であることを内外に見せびらかし、奴自身に対する（間違った）幻想をでっち上げようと謀った。

張成沢は、自身が党と国家指導部を覆すのに使う反動主義者たちを糾合するために、偉大なる将軍様のお言葉に逆らって奴に媚びへつらい、追従を並べ立てていたことにより厳重処分を受け免職・解任された者どもをはじめとする不純異色分子どもを、巧妙な方法で党中央委員会部署と傘下の諸機関に戻し入れた。

張成沢は、青年工作部門を主管しつつも、敵方に買収された変節漢や裏切り者どもと結託し、我が国の青年運動に重大な害毒を及ぼしたのみならず、その者どもが党の断固たる措置によって摘発、粛清された後も、その手先どもを長きにわたり温存させ、党と国家の重要な役職に強引に押し込んだ。

奴は、一九八〇年代から李龍河《リ・リョンハ》という、党の唯一領導を拒否する分派的行動をして追い出された当事者を、奴が他の役職に配置替えされる度に一緒に引き連れ、党中央委員会第一副部長の地位にまで引き上げ、奴の腹心走狗に仕立て上げた。

張成沢は、党の唯一領導を拒否する重大事件を発生させて追い出された側近たちと追従者どもを数年のうちに、奴がいる部署と傘下諸部門に巧みに吸収し、前科者、経歴に問題がある者、不平不満を持つ者どもを系統的に自分の周りに糾合し、その上に神聖不可侵の存在として君臨したのである。

奴は部署と傘下部門の機構を大々的に拡大しながら、国の全般的事業を掌握し、省や中央諸機関に深く網を張り巡らせるべく策動し、奴がいた部署を誰一人として侵すことができぬ「小王国」に仕立て上げたのである。

奴は、不届きにも大同江タイル工場に偉大なる大元帥御両方（金日成・金正日）のモザイク壁画と現地指導史跡碑を建立する事業を邪魔したのみならず、敬愛する元帥様（金正恩）が朝鮮人民内務軍の軍部隊に送ってくださった親筆書簡を天然花崗岩に刻んで部隊指揮部庁舎前に丁重にお飾りしようという将兵たちの一致した意見を黙殺した挙げ句に、しぶしぶ陰になった片隅に建立するように無理強いする、という妄動に出た。

張成沢がこれまで、我が党の組織的意思である党の路線と政策に系統的に逆らう反党的行為を敢行したことは、奴を党で結論を出した問題も党の方針も覆すことができる特殊な存在であるがごとくに見せつけ、奴に対する極度の幻想と偶像化を助長させようとする、故意的で不純な企図の発露であった。

張成沢は、奴に対する幻想をでっち上げるために、党と首領様に対する我々軍隊と人民の清き忠情と熱き至誠が込められている物資までも中途で横領し、腹心走狗たちにそれを分け与えつつ、奴自身の顔を立てるという無謀を働いたのである。

張成沢が奴に対する幻想と偶像化を助長させようと執拗に策動した結果、奴がいた部署と傘下機関の追従者分子らは張成沢を「一号同志」と煽り、奴の評価を得ようと、よりによって党の指示にも逆らうまでに至った。

張成沢は部署と対象機関に対し、党の方針よりも奴の言葉をより重んじ、従う異質的な事業系統を打ち立て、腹心走狗と追従者どもが朝鮮人民軍の最高司令官命令に服さないという反革命的な行為までも、ためらいもなく敢行できるようにした。

最高司令官の命令に服さないような者どもは、それが誰であろうと革命の銃卒隊は絶対に許さないだろうし、そんな奴らは死んだとしても、この地に埋める場所などない。

張成沢は、党と国家の最高権力を簒奪するための第一歩として内閣首相の地位に就くという愚かで不埒な夢を追いつつ、奴がいた部署が国の重要な経済の諸部門をすべて掌握し、内閣を無力化させることによって、国家の経済と人民生活を収拾のつかない破局へ追いたてようと画策した。

奴は、偉大なる将軍様が最高人民会議第一〇期第一次会議にて打ち立てた新しい国家機構系統を無視して内閣所属検閲監督諸機関を奴の配下に所属させ、委員会、省、中央機関と道、市、郡級機関の統廃合問題、貿易及び外貨獲得部門と在外公館を組織する問題、生活費適用問題を初めとした内閣に任された一切の機構事業とそれに関連するあらゆる問題を掌握し、奴が思いのままに牛耳り内閣の経済司令部としての機能と役割を麻痺させた。

奴は、国家建設監督機構に関連した問題について、内閣及び当該省との合意もなく党へ虚偽報告を提出しようと試みたが、当該幹部たちが偉大なる大元帥御両方によって定められた建設法に反するという正当な意見を提議するや、「それでは建設法を修正すればよいではないか」という妄言を吐いた。

張成沢は職権を濫用し、偉大なる大元帥御両方が打ち立てた首都建設に関連する事業系統を混乱させ、数年のうちに建設・建材諸基地をほぼ廃虚のごとくに変え、狡猾な手法で首都建設部門の技術者、技能工組織の弱体化を図り、腹心たちを重要建設諸部門に送り込んで金儲けができるようにすることで、平壌市建設を故意に邪魔した。

張成沢は、石炭をはじめとする貴重な地下資源を手当り次第に売り飛ばさせ、結果、腹心たちはブローカーどもに騙されて大変な借金を負うはめとなり、その借金を返すために、本年五月には羅先経済貿易地帯の土地を五〇年期限で外国に売り渡すという売国行為をもためらわなかった。

二〇〇九年、万古逆賊である朴南基を煽動し、数千億ウォンに上る紙幣を濫発、おびただしい経済的混乱を招来させて民心を惑わそうと背後で操作した黒幕も、まさにこの張成沢だ。

張成沢は、政治的な野望を実現するために必要な資金を確保しようと、いろいろな名目をつけて利益の追求を奨励し、不正かつ腐敗的な行為に明け暮れ、我らの社会に享楽的で弛緩した、規律のない毒素をまき散らすことを率先した。

一九八〇年代、光復建設時から貴金属をかき集めて来た張成沢は、手元に秘密機関を作り置いた。国家の法は眼中に無きがごとく、銀行から巨額の資金を引き出して貴金属を買い込むことで、国家の財政管理系統に巨大な混乱を招くという反国家の犯罪行為をあえて犯した。

張成沢は二〇〇九年から、淫乱で汚らわしい写真図画の数々を腹心走狗たちに流布し、資本主義の退嬰文化が我が国の内部に侵入するよう音頭を取り、ところ構わず金をむやみやたらにばらまきながら、浮華放蕩の生活をほしいままにした。

二〇〇九年の一年間だけでも、張成沢が秘密金庫から四六〇万余のユーロを引き出し使い尽くしたこと及び海外でのカジノ通いという事実のみを取り上げても、奴がどれほど堕落し変質したのかが知れる。

張成沢は、政権掌握という野心に狂い、分別を失い、暴れ狂ったあまり、軍隊を動員すれば政変を成功させることができると愚かにも計算しつつ、人民軍隊にまでその魔手を伸ばそうと執拗に策動した。

張成沢の奴は審理過程において、「私は、現在の国の経済実態と人民生活が破局に落ちこんでゆくにもかかわらず、現政権がいかなる対策も立てることができないという不満を、軍隊と人民が抱くように仕向けようと試み」、政変の対象はまさに「最高領導者同志である」と、万古逆賊の醜悪な本心をあからさまに暴露した。

奴は、政変の手段と方法に対して「人脈のある軍幹部や側近たちを動員して手中に握り込み、武力にしようと思った。最近任命された軍幹部たちはよく知らなくとも、かつての軍幹部たちとは面識がある。そして、これから人民と軍人の生活がさらに悪化すれば、軍隊も政変に同調する可能性があるのではないかと考えた。そして、私がいた部署の李龍河、張秀吉《チャン・スギル》を初めとした腹心たちは、いくらでも私についてくると思ったし、人民保安機関を担当した人物も政変に参与する私の側近として利用してみようと思った。それ以外にも何人か利用できると思った」と、平然と言ってのけた。

張成沢の奴は、政変を起こす時点、そして政変後はどうするつもりだったのかという質問に対して、「政変時期は、これといった考えがあったわけではない。しかし、経済が完全に挫折し、国家が崩壊直前に至れば、私がいた部署とすべての経済諸機関を内閣に集中させ、私が首相の座に着こうと思った。その後、今までさまざま名目で確保しておいた莫大な資金を用いて生活問題をいくつか解決することによって、人民と軍隊は私に対して万歳を叫び、順調に事を運べると計算した」と白状した。

張成沢は、卑劣な方法を用いて権力を奪取すれば、外部世界から「改革者」と見なされ、その醜悪な面の皮を利用し短期間のうちに「新政権」が外国から「承認」されると、愚かにも妄想したのだった。すべての事実は張成沢が、米国と傀儡逆賊集団（韓国のこと）の「戦略的忍耐」政策と「待つ」政策に便乗して、我が共和国を内部から崩壊させ、党と国家の最高権力を掌握すべく、相当以前から最も狡猾で腹黒い手段・方法を総動員させて悪辣に策動してきた、天下に二人といない万古逆賊、売国奴であることの証左である。

張成沢の反党的、反国家的、反人民的な罪悪は、国家安全保衛部特別軍事裁判所審理過程で、その憎々しくも醜悪なる全貌が一つひとつ明かされていった。

時代と歴史は、党と革命の仇、人民の仇であり、極悪の祖国反逆者である張成沢の歯が鳴るがごとき罪状を永遠に記録し、忘れることは未来永劫ないであろう。

歳月が流れ、十代、百代と世代が交替しようとも、改変することも交替することもできないのが、白頭山の血統である。

我が党と国家、軍隊と人民はただひたすらに金日成、金正日、金正恩同志の他に絶えて人を知らず。この天下であえて金正恩同志の唯一領導を拒否し、元帥様の絶対的権威に挑戦して白頭山の血統と一個人とを対峙させる者どもを、我ら軍隊と人民は絶対に許さず、その者が誰であろうとも、いずこに隠れていようと、ことごとく掃き出して歴史の峻厳な審判台の上に立たせ、党と革命、祖国と人民の名において容赦なく懲罰する。

朝鮮民主主義人民共和国国家安全保衛部特別軍事裁判所は、被告である張成沢が敵方と思想的に同調し、我が共和国の人民主権を覆す目的で敢行した国家転覆陰謀行為が、共和国刑法第六〇条に該当する犯罪を構成することを確証し、凶悪な政治的野心家、陰謀家である万古逆賊の張成沢を革命の名において、人民の名において峻烈に断罪、糾弾しつつ、共和国刑法第六〇条によって死刑に処することを決した。判決は即時執行された。

金正日の異母きょうだいたち――金慶真・金平一・金英一

金正日の異母きょうだいは、金日成と後妻・金聖愛との間に生まれた子どもたちである。

金平一は一九五四年八月一〇日に生まれ、平壌南山高級中学校を経て一九七七年に金日成総合大学経済学部政治経済学科を卒業、その後は人民軍軍官に任官するとともに、金日成軍事総合大学に再入学した。作戦戦術課程終了後は、護衛司令部装甲車大隊長に任命される。

その後、金平一は異母兄である金正日から〝枝葉〟に分類され、一九七九年にユーゴスラビアの北朝鮮大使館付き武官として逐出される。

当時、このように扱われたのは金平一だけではなかった。金平一の姉・金慶真の夫である金光燮《キム・クァンソプ》に対してチェコ駐在国際学術連盟副代表としての発令が出たため、金慶真も当然のごとく逐出される。金慶真は現在、ハンガリー駐在大使である夫の金光燮とともに、ヨーロッパに住んでいると伝えられる。

この頃、金平一の弟・金英一も東ドイツへ留学する。その後、金英一はベルリン駐在北朝鮮利益代表部参事官を勤めていたが、肝臓がんで二〇〇五年に死亡したようだ。

一九八一年にユーゴスラビアから帰国した金平一は人民軍に服務、その後は大佐に昇級し、一九八四年から一九八八年にかけて人民武力部作戦局副局長に就任した。

一九八八年、金平一は再び金正日の圧力によってハンガリー駐在大使として北朝鮮から追い出されることになるが、同年一二月にハンガリーは韓国と国交正常化したため行くことができず、代わりにブルガリア駐在大使として一九九三年まで勤務する。以後、一九九四年から一九九八年までフィンランド、一九九八年から二〇一四年までの一六年間はポーランド、そして二〇一五年からはチェコで大使を務めた。金王朝の権力中枢からは完全に疎外されている。

金平一がフィンランドに駐在しているとき、父の金日成が死亡した。しかし、金正日は金平一の入国を許可せず、彼は父の葬儀に参列できなかった。

金日成は一時期、労働党は金正日に、人民軍は金平一に、そして内閣は金英一に任せるという構想をしたほど、金平一の軍事的才能を高く評価していたと伝えられる。

金正恩が李英浩《リ・ヨンホ》・元人民軍総参謀長と玄永哲《ヒョン・ヨンチョル》・前人民武力部長、そして張成沢を処断したことで、北朝鮮の高位層が身辺に危険を感じ、さらに北朝鮮人民たちの体制に対する不満の高まりとともに、指導者を金正恩から金平一に替えようと北朝鮮内で提議されていることも伝えられる。金平一の穏やかな性格、正統な白頭血統、ヨーロッパに長期間滞留して改革志向を持っていることが、長所として際立っている。

成恵琳の甥・李韓永は、手記『金正日が愛した女たち――金正男の従兄が明かすロイヤルファミリーの豪奢な日々』のなかで、金日成には三人のほかにもう一人、「金賢《キム・ヒョン》」という異母弟がいると明らかにしている。

一九七九年二月、金正男がモスクワに戻ってきて間もない頃、金正日が正男に仲良く遊べる子がいるが、一緒に遊ぶかと私（李韓永）に尋ねた。

しばらくすると、子ども一人が官邸に来た。かわいくてハンサムな子どもだった。名前を尋ねると、張賢《チャン・ヒョン》と答えた。叔父の張成沢の甥だが、金敬姫と張成沢の家に住んでいるということだった。年齢は、正男と同い年だった。

張賢は一週間ほど、私たちの官邸で食べて寝て遊んだ。金正日と食事するときも一緒であった。叔父の甥（原文には、従兄弟と表記）なので、金正日とは別に関係もないが、官邸に連れてきてご飯も一緒に食べるのは、相当な関心を持っていたからであった。張賢は、金日成と似ている印象であった。

……その女（金賢の母親）は、非常に若かった。その女は、金日成の担当看護師だったが、ちょっとしたことで、子を産んだということである。金聖愛の面影もあり、金正日に出自は隠して思い通りに育てろと指示したという。平壌近郊の鉄峰里《チョルボンリ》にある小さな招待所を与え、生母を叔母と偽って育てたという。……金日成は、たまに静かに息子を見に行ったりしたという。

……というわけで、金日成も息子（金正日）に咎められるような行為をしていたのである。当時は、まだ金日成も正男の存在を知らなかった。しかし、金正日の私生活を知ったとしても咎める状況にはならなかったようである。七一年生まれの賢は、厳密に言えば、金賢である。ところが、金正日が張成沢に押し付けて張成沢の戸籍に載せて張賢になったのである。

金日成が死んだ後、金賢は金正日によって粛清されたという噂もあったが、金正恩執権後は甥に忠誠を誓い、現在は北朝鮮の政府部署で勤めていると伝えられる。

六　金正恩と李雪主

金正恩

金正恩は一九八四年一月八日、金正日と三番目の妻・高容姫との間に生まれた。実兄に金正哲、実妹に金与正がいる。異母姉には金雪松と金春松、異母兄に金正男がいた。出生地は平安北道昌城郡《チャンソングン》といわれているが、江原道元山市《カンウォンド》に位置した金正日の別荘である六〇二号招待所で生まれたという説もある。

金正恩は幼少時、外部から完全に隔離されて育てられた。したがって、金正恩の情緒と行動は父・金正日と母・高容姫の影響を大きく受けて発達したとみられる。

高容姫は義理の息子である金正男を牽制し、実子の金正哲と金正恩を金王朝の後継者として育てようと考えていたと伝えられる。特に、弟の金正恩は兄の金正哲に比べて決断力と度胸に優れ、競争心が強い父にとてもよく似ていると考えた。そこで高容姫は、長男よりも次男に強い関心を向けた。

金正恩の幼少時については、ほんのわずかしか知られていない。それも、前述の藤本健二を通してである。藤本は金正恩が三歳（一九八七年）から一七歳（二〇〇一年）のときまで、すなわち、彼が閉鎖的で異常ともいえる北朝鮮社会に恐ろしさと嫌気を感じて日本に脱出するまで、金正恩を近くで見守った唯一の外国人であるといえる。

いったん日本に逃げた藤本だが、金正恩の招請で二〇一二年七月、一一年ぶりに北朝鮮を訪問した。そして、金正恩と再会し四時間ほどともに過ごし、帰国後は金正恩に粘り強く手紙を送っていたという。

二〇一六年、三六年ぶりに開かれる第七次党大会を控え、金正恩は再び藤本を北朝鮮に招待した。おそらく、彼を利用して日本との関係改善を図ろうという意図があったと推測される。藤本は同年四月一二日から二三日まで北朝鮮に滞在し、初日の一二日夕方に平壌市内の宴会場で約三時間、金正恩に会ったことを明らかにした。この席で金正恩は、「戦争をするつもりはない。しかし、アメリカがバカバカしいケチをつける」から、「むかついてミサイルを発射している」と心境を吐露したという。

金正恩はまた、「日本は今、我が国をどのように見ているのか」と藤本に質問したという。藤本は「最悪だ」と答えた。宿泊先の高麗《コリョ》ホテルの玄関に金正恩が自らベンツを運転してきたので驚いた、と藤本は述べている。

金正恩の幼少時については、今も金正恩と個人的に親交があり、幼少時の彼を側で見守ってきた藤本の二冊の著書を主に引用し、李永鐘《イ・ヨンジョン》『後継者金正恩』（二〇一一）、ジョン・チャンヒョン『キーワードで見た金正恩時代の北朝鮮』（二〇一四）、李相哲『金正日と金正恩の正体』（二〇一一）なども参考にして記述する。藤本は著書のなかで金正哲と金正恩を「王子」、金与正を「お姫様」と表現し、彼らに対する絶対的な尊敬と服従の精神を表明している。

李相哲（二〇一一）は金正恩の三歳のときの姿を次のように述べている。

> 北朝鮮の資料は、金正恩が三歳のときの姿をこのように記録している。
> 金正恩は、三歳になると祖父の金日成が作った漢詩の「光明星賛歌」（「光明星」は金正日を示す）を筆で模写した天才児である。ある日、金日成は漢詩を簡体字で書いていたが、金正恩がそれを繁体字に書き直してしまったので、周辺の人々を驚かしたようである。また、三歳のときから射撃の名手でもあっ

た。「冗談でしょう」と、いぶかしがる読者もいるが、資料の出処は朝鮮労働党中央である。

金正恩が生まれた後も、金日成は彼を〝妾の子〟と言い、何年も孫に会おうとしなかった。したがって、金正恩が三歳のときに金日成が使う簡体字を繁体字に書き換えたというのは、時期的にありえない。また、子どもの神経的、身体的発達を考慮すると、三歳で簡体字を繁体字に書き換え、射撃にも秀でていたというのは、通常ありえない。三歳という幼い金正恩をこのように描写するのは、彼を偶像化しようとする北朝鮮の低レベルな宣伝工作にすぎないと言える。

一九九〇年一月中旬、金正恩が六歳のときのことである。藤本は金正日と金敬姫、そして張成沢を含むを側近幹部三〇余名とともに、黄海南道《ファンヘナムド》（北朝鮮南西部に位置する韓国との国境沿いの行政区画）の信川郡《シンチョングン》にある招待所に滞在していた。金正日が、「今から我々の子どもたちを皆さんに紹介する。廊下に出よう」と言った。連れ立って部屋の外に出たところ、軍服を着た金正哲と金正恩がいた。彼らは父の姿を見ると軍人のように不動の姿勢をとり、最高の礼儀を尽くした敬礼をしたという。藤本だけではなく、張成沢を除いた側近も、金正日の子どもたちに直接会ったのはこのときが初めてだったという（藤本、二〇一〇。なお、藤本は金正恩が生まれた年を一九八三年と主張し、『北の後継者キム・ジョンウン』でもこのときのことを「七歳」と表現している。しかし、現在、アメリカに亡命している叔母の高容淑などを通して、一九八四年生まれであることが確認されている。したがって、「七歳」ではなく「六歳」と訂正するのが正しいと考える）。

まず金正日が、二人の「王子」（金正哲と金正恩）を紹介した。その後、最高幹部から順番に、まず金正哲、それから金正恩の順に握手をしたという。「初めまして」と言いながら、幹部たちは代わるがわる二人の前に出て、恭しく握手をした。幹部のなかには張成沢の他に、党や政府の最高幹部であった許錟《ホ・ダム》や金容淳《キム・ヨンスン》、金己男《キム・ギナム》、権煕京《クォン・ヒギョン》などがいたという。二人の背後に、側近から「奥様」と呼ばれていた高容姫が明るい顔をして立っていたという。

列の最後にいた藤本の番になった。金正哲に手を差し出すと、金正哲もすぐに手を伸ばして握手をした。藤本が手に少し力を込めると、金正哲も彼の手をぎゅっと握り返したという。金正哲と手を放し、次に金正恩と握手しようとしたとき、思いもかけないことが起こった。金正恩は微動だにせず、藤本を刺々しい目で睨んだという。握手を断られた藤本は慌てふためいたが、金正日が「さあ、藤本さんだよ」と取りなすと、金正恩はようやく手を出したという。

北朝鮮では植民地支配をしていた日本に対し、敵対的な教育をしている。金正恩も明らかにそのような教育を受けてきたのだろうと藤本は考えた。そのうえ、金正恩の立場では「こいつがあの憎い日本帝国の輩か」と思っても無理のないことだ。

わずか六歳の子どもが四〇歳の大人を睨むという行動の理由として、通常の場合、適切な家庭教育の欠如が挙げられる。しかし、金正恩の場合はむしろ、金正日が子どもたちの前で意図的に、金王族に対して将軍たちに絶対的服従を強要した雰囲気と、おとなしい金正哲とは異なり、金正恩の攻撃的な性格に起因するものと考えられる。

六歳のときから軍服を着て現職の人民軍将軍から丁重な挨拶を受けて育った金正恩が、執権以後、叔父の張成沢、人民武力部長の玄永哲、人民軍総参謀長の李永吉《リ・ヨンギル》、人民武力部副部長の金哲《キム・チョル》、人民軍総参謀部作戦局長の辺仁善《ピョン・インソン》などをハエでも殺すかのように処刑するのは、不思議ではないと考える。さらに金正恩の性格は衝動的で攻撃的、サディスティックな残酷性を併せ持っている。こう考えると、金正恩が藤本を睨み付けたのは当然のことと理解されよう。

このような状況を見守ってきた金正日は、金正恩は「金正哲より度胸がある」と考え、最終的に後継者として選んだといえる。逆説的といえるが、金正恩はこのような常軌を逸した性格と行動によって、異母兄の金正男と実兄の金正哲を退け、金正日から権力を継承したとみることができる。

子どもの頃、金正哲は「大きい大将」、金正恩は「小さい大将」と呼ばれ、遊ぶときも一緒だった。金正恩と年齢が近い高容淑の長男が一緒に遊ぶことも多かった。また、選抜されて来たのか、一〇代の美少女が二人ずつ随行兼遊び相手として従っていたという。金正哲と金正恩は小学校には通わず、勉強は金正日の官邸で専属の家庭教師に学んだ。二人が小学校に行くことは一般人民の前にさらけ出すことを意味し、危険が付きまとうと金正日が躊躇したのだろう、と藤本は考えた（藤本健二、二〇一〇）。

金正哲と金正恩は幼い頃、鬼ごっこやゴムひも遊び、紙飛行機、双六などよくある遊びのほか、ローラースケートやローラーブレード、ボーリングも好きだったという。二人は、一般の北朝鮮人民では絶対に手に入れることができない日本の漫画とテレビゲームも持っていた。金正恩はサッカーを題材にした漫画を気に入っており、テレビゲームでは当時、日本でも流行っていた「スーパーマリオ」や「テトリス」などにすっかりはまっていたという。

金正哲はゲームに夢中になったが、金正恩は一人で絵を描くのも好きだったという。ある日、さまざまな絵を描いて遊んでいたときのことだ。金正恩が平壌にある「主体思想塔」を描いて藤本に見せ、「日本にも高い塔はあるの？」と尋ねた。藤本が「もちろんありますよ。東京タワーという三三三メートルの高さの塔があります」と答えると、では描いてみろと注文。詳細に描いて見せたところ、金正恩は「すばらしい」と声を張り上げたという。そして金正恩は、描いた絵を納める箱に東京タワーの絵も入れて、大切に保管したという。

金正哲と金正恩は藤本に会う前から、「おはよう」「こんにちは」「こんばんは」など、簡単な日本語のあいさつを知っていた。北朝鮮では朝や夕方でも、時間帯に関係なく「アンニョンハシムニカ」（「こんにちは」「ごきげんいかが」の意）で通じる。「日本語にはあいさつの言葉が三種類もあるね」と不思議がっていたのを、藤本は記憶している。金正恩と日本語に関してもう一つ、藤本の印象に残っていることがある。金正恩が七、八歳の頃のことだ。元山招待所のなかにある映画館に一緒に行った。金正恩はお供をした二人の女の子に、「日本の歌を歌ってみろ。藤本に合っているのか確認してみるように」と言った。一人の女の子が「赤い靴はいてた　女の子　異人さんに　つれられて　行っちゃった　横浜の　埠頭から　船に乗って　異人さんに　つれられて　行っちゃった」と歌った。日本の有名な童謡「赤い靴」だった。子ガラスを懐かしがって鳴いている母ガラスの心情を歌った「七つの子」も歌われた。

著書のなかで藤本は、この少女たちに日本の歌を教えたのは、在日僑胞の母・高容姫ではなく、北朝鮮工作員が新潟から北朝鮮に拉致した横田めぐみさんである可能性が高いと推測している。なぜなら、高容姫は藤本の前でもまったく日本語を使わず、日本で生まれ帰国したという事実も、一度も口にしたことがない。このような高容姫が、金正恩やお供の少女たちに、わざわざ日本の歌を教えることはないだろう、と。

このように幼いときから隔離されて育ったために、金正恩は同じ年頃の子どもたちとの交流を通して養われる共感力や社会性を育てる機会を持つことができなかったと考える。叔母の高容淑も、二〇一六年に受けた『ワシントンポスト』のインタビューで、小さい頃の金正恩の成長過程を見ると「正常な性格を持った大人として生きていくのは大変なことだ」と言及している。

金正日は、金正恩が七歳の頃に招待所のなかで「メルセデス・ベンツ六〇〇」を運転することを許可したという。このように無謀なことが平然と繰り返し行われていたのであれば、子どもの性格は徐々に自己顕示欲が強くなり、さらに誇大妄想へとつながっていくケースもありうる。近年、金正恩が核爆弾や大陸間弾道ミサイルの開発などを誇示し、「小型化されて爆発力が高い核爆弾開発が完了すれば、韓国もアメリカも、私をどうすることもできないだろう」と誇大妄想的な考えを表明するのも、彼独自の精神世界として表れた様相と判断できる。

金正恩と金正哲の仲はとても良かったが、体型や性格は対照的だった（藤本健二、二〇一〇）。金正恩は父の金正日に似て太っていたが、金正哲は母の高容姫に似たのか、細身で筋肉質の体をしていた。二人とも運動神経に優れていたが、金正恩は勝ちたいという思いが強い一方、金正哲はおっとりとしていたという。二人で遊ぶときでも、最初に玩具などを取り出すのはいつも金正恩で、金正哲は弟に譲ることがよくあったようだ。

藤本は、金正恩が「オセロゲーム」（対戦相手の玉をどんどん落としていく「生き残りゲーム」のようなもの。金正日ファミリーはこれを「オセロゲーム」と呼んだ）に夢中になって遊んでいたときのことを、次のように記している。弟が遊ぶ様子を見ていた金正哲が、「このようにしてみたら」とアドバイスした。金正恩は兄の言う通りにやってみたが、玉を逃してしまった。金正恩は腹を立て、逃した玉を金正哲の顔に向けて投げつけた。幸いにも大事には至らなかったが、そのとき藤本は金正恩の過激な側面を見て面食らったという。さらに驚いたのは、そのような目に遭ったにもかかわらず相変わらずニコニコと笑って立っている金正哲の温和な性格だった。こうした事態になれば、兄弟で取っ組み合いの喧嘩に発展することが多いが、二人の性格があまりにも違うためにこの程度ですんだのだろうと、藤本は述懐する。

金正恩の過激な気質が表れている描写は他にもある。一九九二年一〇月頃のことだ。叔母の高容淑がいつものように金正恩を「小さい大将」と呼んだところ、金正恩が急に、「ぼくをまだ小さいと思っている！」

と大声で怒鳴り、高容淑を睨みつけたという。

三人きょうだいの真ん中に生まれた金正恩は、三歳上の兄・金正哲と五歳下の妹・金与正に比べ、親の愛情をたっぷりと注がれるには不利な立場であったのだろう。

金正哲は金正日と高容姫の最初の子どもで、弟の金正恩が生まれるまで三年間、両親の絶対的な関心を受けて育ったと考えられる。金正恩は生まれても、兄という存在があるために、当然ながら両親の関心を自分だけに集中してもらうことはできなかった。さらに、たいていの場合、世継ぎの子どもという理由で長男は特別な関心を受ける。

さらに、妹も生まれた。一般的に親たちは、先に生まれある程度成長した子どもに比べ、生まれたばかりの末っ子は非力に映るうえ、寛容な態度をとりがちだ。さらに、息子ばかりのなかに娘が生まれた。男の子と違い、女の子はそれだけで可愛く、愛嬌があると感じる。末っ子で娘となれば、親がその子どもに集中的に関心を寄せるケースは往々にしてある。

このとき、上（長男）と下（妹）に挟まれサンドイッチ状態の二男は、親の十分な関心を得られにくい。こうした子どもがこの状況から脱して親の愛情を受けるためには、一生懸命努力をして良い子になろうとするケースと、反対に、親に愛されていないという被害者意識を持ち、情緒や行動のうえで問題を表出するケースがある。金正恩は後者のケースと考える。金正恩が兄と叔母に対して怒りを露わにし、攻撃的な行動を見せたのも、このような問題と関連していると考えることができよう。

ある日、金正日と高容姫、そして金正恩と金正哲とともに、藤本も金正日の専用船に乗り、金正日が大好物のコウライケツギョ（スズキ目の淡水魚）を釣りに行ったときのことだ。藤本は船の端にいたが、彼が魚を釣り上げるたびに金正恩は近付いて「ぼくにくれ」と言い、釣り竿を奪った。金正恩は、藤本からひったくった釣り竿を掲げ、「ぼくが釣った」と叫び喜んだという（藤本健二、二〇〇三）。

一九九一年、金正恩が七歳のときのエピソードもある。中国の国境近くにある昌城招待所で、金正恩、金正哲、高容淑の長男、そして藤本の四人で鬼ごっこをしている途中、藤本はトイレに入った。そのトイレは内側から鍵をかけられず、ドアの窓は上半分が半透明のガラスになっており、外から顔を当てれば内側を見ることができたという。トイレに入っているのを見つけた金正恩は、「藤本、早く出てこい」と声を張り上げ、ガラスに顔を付けたままドアを数回、強く叩いたという。

藤本はドアを開けられないよう、内側から必死に取っ手を摑んでいたという。用を足している姿を見られたことが恥ずかしくて赤面し、容易にトイレから出られなかったようだ。藤本は、金正哲であればこのないたずらをしなかっただろうと思ったという。後で金正日に話したら、トイレのガラス戸を外から見えないものに替え、内側に施錠装置も取り付けるようすぐに命令したという（藤本健二、二〇一〇）。なお、兄弟が藤本を呼ぶとき、金正恩は呼び捨てにしていたが、金正哲は敬称を付けて呼んでいたという。

藤本（二〇一〇）は次のような話も紹介している。一九九八年頃、元山招待所に金日成の副官（SP）を務めた「安シン」という人物が滞在していた。このとき彼はすでに六〇歳。若い頃から金日成に信頼されていたが、一九九四年に金日成が死去して以降、任務もなくなった安シンは金正日の配慮でときどき招待所に呼ばれ、のんびり過ごしていたという。

安シンの背丈は一六〇センチメートルを少し超える程度で、副官（SP）としては小柄だった。ある日、金正恩が横にいた安シンを足でトントンと小突きながら、藤本にこう尋ねたという。「大元帥様（金日成）は、なぜこのようなちんちくりんを副官（SP）にしたの？」。藤本は、金正恩の行動は度を越えていると思いながら、「大元帥様は背の低い『安シン』を連れて行くことで『安心』したのではないでしょうか」と答えた。

金正恩はすぐに納得した様子だったという。安シンは嬉しそうに「ありがとうございます」と言い、藤本に頭を下げたという。

幼い金正恩が大人の藤本の釣り竿を思うままに奪ったり、兄の金正哲と違い藤本を召使いのように呼び捨てで呼んだり、金日成の副官（SP）を務めた六〇歳の安シンを足で小突いたりするなどのパワーハラスメント行為や、藤本の尊厳をも踏みにじるトイレでの行動、自分で釣ったものではない魚を自分の手柄にして嘘をつく挙動などは、「秩序破壊的・衝動制御・素行症群（Disruptive, Impulse-Control, and Conduct Disorders）」の一形態である、「敵対的反抗障害（Oppositional Defiant Disorder）」と判断することができる。敵対的反抗障害の様相を見せる子どもが小児精神科で適切な専門治療を受けることができない場合、青少年期に入って「行為障害（Conduct Disorder）」の様相を見せるケースが多く、大人になってからは「反社会性パーソナリティ障害（Antisocial Personality Disorder）」を患うケースもある。

金正恩は金正哲と違い、一〇代半ばからすでに酒とタバコを覚えたという（藤本健二、二〇一〇）。酒に強く、特に「ジョニー・ウォーカー」の最高級品である「クリスタル」を好んだようだ。タバコについては、金正日から「幼い頃からタバコを吸うと背が高くならない」と注意されてはいたが、「イヴ・サン＝ローラン」などの外国製タバコを喜んで吸っていたという。青少年時代の金正恩は、このように酒とタバコを嗜むなど社会規範を守らない、行為障害の様相を見せていたと考える。

金正恩が執権後、周囲に対する無差別であからさまな粛清、衝動的にミサイルを発射する行為、北朝鮮人民の人権を踏みにじり国際秩序に挑戦する行為、核実験で近隣諸国の安全を侵害する行為は、反社会性パーソナリティ障害とも関連していると判断できる。

一九九二年一月八日、元山招待所で八回目の誕生日を迎えた金正恩は、黒い背広を着て蝶ネクタイを結び、はにかむようなほほ笑みを浮かべていたという。舞台の幕が上がると、すぐに普天堡電子楽団の歌と演奏が始まった。そのとき楽団が歌ったのは「足取り」という歌で、三節で構成された行進曲風の合唱曲だった（藤本健二、二〇一〇）。

実は、金正哲と金与正にも、二人を褒め称える歌がそれぞれ作られている。金正恩にだけ特別に歌を作ったわけではない。金正日が金正恩に「足取り」の歌をプレゼントした理由も、特に明らかにされなかったという。しかし、幹部のなかにはその意味を悟った人がいたはずだ、と藤本はいう。当時はまだ、後継者問題などはるか先の話であったが、改めて「足取り」の歌詞をみると、意味深な内容が込められていることを発見したという。歌詞は次の通りだ。

（一節）タッタッタッタッタッタと足取り
　我らが金大将の足取り
　二月の精気を放ちながら
　前へとタッタッタ
　足取り、足取り、力強く一度踏み鳴らせば
　国中の山河が歓迎するタッタッタ

（二節）タッタッタッタッタッタと足取り
　我らが金大将の足取り
　二月の気概を轟かせ

国中の人民がともにタッタッタ
足取り、足取り、力強く一度踏み鳴らせば
前へとタッタッタ

（三節）タッタッタッタッタッタと足取り
我らが金大将の足取り
二月の偉業を受け継いで
前へとタッタッタ
足取り、足取り、さらに高く鳴り響け
輝かしい未来を呼ぶ呼ぶタッタッタ

なお、金正恩の八歳の誕生日のときに発表された当時の歌詞は、「金大将」ではなく「小さい大将」になっていたという。金正恩の称賛合唱曲である「足取り」は、二〇〇八年頃から北朝鮮人民に本格的に普及し始めたようだ。

「足取り」の歌詞をみていこう。第一に、金正恩の誕生月である「一月」ではなく、金正日が生まれた「二月」と表記していることに気がつく。これは、金正日と金正恩とのつながりを浮かび上がらせている。第二に、「精気を放ちながら」「気概を轟かせ」「偉業を受け継いで」との表現で、金正日の「精気」と「気概」、そして「偉業」を金正恩が受け継ぐこともできるという意味を、各節を通して表わしていると考えられる。第三に、「国中の山河が歓迎する」「国中の人民がともに」、そして「輝かしい未来を呼ぶ」により、金正日から金正恩への権力継承を北朝鮮人民は喜び従うはずで、世襲時期は一般に考えられている時期よりも早くなりうる、という意味と解釈することができる。

このような理由から、筆者は藤本の見解に同意する。すなわち、「足取り」の歌詞を分析すると、後継者は金正男や金正哲ではなく金正恩になりうるという金正日の考えを迂回的に表現した可能性もあると考えられるからだ。金正恩が八歳のとき、異母兄の金正男はすでに二一歳であった。金正男が後継者としてふさわしいかどうか判断できる、十分な年齢に達していたといえる。

高容淑も『ワシントンポスト』のインタビューで、「金正恩が権力を受け継ぐ兆しは、彼がまだ六歳のときからあった」「六歳の誕生日のとき、階級章が付けられた将軍の制服が贈り物で、それ以降、将校たちが幼い金正恩に敬礼するなど、本当に敬意を表していた」と明らかにしている。

金正恩は一〇代も半ばになると、遊びにおいてもリーダーシップを申し分なく発揮したという。ジェットスキーが引くバナナボートに五、六人で乗り、順番に海に飛び込んで遊ぶときも、金正恩は真っ先に飛び込んだという。他人と一緒に何かするとき、必ず自分が先頭に立っていたという（藤本健二、二〇一〇）。

金正恩は、兄と一緒にバスケットボールを楽しんだ。藤本が一家とともに昼食をしたときのことだ。金正恩は食事が終わって五分も経たないうちに、バスケットボールをしたくて席を立とうとした。高容姫が「もうちょっと座っていなさい」と叱り、また椅子に腰かけたが、それから五分ほど過ぎると「お兄ちゃん、行こう」と言い、金正哲を引っ張って外に出ていったという。

藤本が驚いたのは、バスケットボールの試合をした後の金正恩の対応である。招待所でもバスケットボールの試合をすることがあった。試合終了後はいつも、金正恩はチームの反省会を開き、仲間の選手たちにどこが良くてどこが悪かったか指摘した。すばらしいプレイをした選手に向かって「先ほどのパスはとても良かった」と褒め、拍手を送った。ミスをした選手にはどこが悪かったのか具体的に指摘し、きつく叱ったという。誉めるべきときは誉め、叱るときは叱る、というスタンスだった。

一〇代半ばでそのような采配を振るうことができるのは、確かに優秀なのだろう。だが、それ以上に特徴的なのは、厳しく叱咤した選手について後で藤本に、「先ほどあのように散々に叱ったが、彼は大丈夫だろうか。また、上手くできるだろうか」と言い、フフフと笑みを作ったという行為だ。その姿を見て藤本は、金正恩はそれなりに計算をして腹を立てているのだと知った。藤本が「やはり、必要なときには怒ったり、叱ったりしなければならないのです。そうすることで技術は向上するのではないのですか」と答えると、金正恩は自分の気持ちを認めてくれたことが嬉しかったのか、「そうだな、藤本」と笑みを返したという。

藤本は、一〇代半ばの金正恩が単に他人よりも先頭に立ちたいためではなく、人の心を掴む技術を心得ていたからこその行動であった、と驚愕する。彼に比べて金正哲は、試合が終わると「お疲れさん、解散！」と言い、そのまま帰ったそうだ。

藤本は著書のなかで、金正恩が幼いときから優れたリーダーシップを発揮していたことを強調している。前述のバナナボートの件や、バスケットボールの試合後に見せた態度などを、その例として挙げている。しかし、筆者は藤本の主張に同意しない。優れたリーダーシップとは、仲間がどのように考え、何を感じ、何を願っているのかを理解し、それらを踏まえたうえで行動の方針を決めることができる能力だ。すなわち、他人への共感力の高さである。

金正恩がバナナボートから真っ先に水に飛び込んだのは、一緒に遊んだ他の子どもたちを勇気づけるというより、恐怖心がないことを見せつけたいという顕示欲による行為だったと考える。また、北朝鮮の統治者の息子として、一番に飛び込むという特権を誇示するためだったとも考えられる。

バスケットボールチームのメンバーにとった態度についても、藤本は金正恩のリーダーシップの証しであると主張するが、これに同意するのも問題があると考える。そのときの金正恩の態度は、優れた指導力というよりも「兄には絶対に負けたくない」という度を越えた兄弟間のライバル意識と考えられる。

昼食後、高容姫がもう少し座っているようにと指示しても五分も堪えることができず、兄を連れて席を立ったのは、バスケットボールが本当に好きだったこともありうるが、むしろ、忍耐力に欠けおとなしくしていることが苦手、エネルギーに溢れ、思慮深い行動よりも衝動的な行動をとりがち、後先を考えずにすぐに決断を出すとか、課題を遂行する際に持続性に欠けるなどの様相を示す「注意欠陥多動性障害（Attention-Deficit/Hyperactivity Disorder）」によると推測される。

注意欠陥多動性障害の特徴は、衝動的であること、要求をすぐに満たしたいと強く思うことである。要求が受け入れられなければ、怒りを感じて攻撃的な行動をとるケースもよくある。自分の感じる脅威が現実のものなのか、それとも自らの観念から生じたものなのか検証せず、抱いた脅威に対しすぐに反撃するケースもよくある。

金正恩は、一九九六年九月頃から二〇〇一年一月までスイスに留学したという。

高容淑夫妻は一九九六年から一九九八年までの二年間、スイスで金正恩と金正哲の面倒をみていたとき、「普通の家族のように行動した。私〔高容淑〕は彼らの母のように行動した」と『ワシントンポスト』のインタビューに答えている。そして、金正哲、金正恩、そして金与正などと一緒に行った「ユーロディズニーランド」（パリ）やアルプスのスキー場（スイス）、フランス領リヴィエラのプール、イタリアのレストランアレプスコなどで撮った写真を記者たちに示した。

高容淑はインタビューのなかで、それまで意見が分れていた金正恩の出生年について、一九八四年生まれであるのは明らかだと証言した。金正恩と彼女の息子が同じ年の生まれであること、生まれたときから友だちだったこと、彼女自ら金正恩と金正哲のおむつを取り替えたことも語った。

さらに、子どもの頃の金正恩は厄介者ではなかったが、せっかちで我慢強さに欠けていたと回想した。特に、高容姫がもっと勉強をしなさいと叱ると、断食をして反発していたという。バスケットボールがすごく好きで、高容姫からバスケットボールをすれば背が高くなるという話を聞いてからは、眠るときもバスケットボールを放さなかったという。

高容淑・李剛夫妻は脱北の理由を、「過去、強力な指導者と近しい人々が、あずかり知らないところで騒動に巻き込まれてきたのをたびたび見てきた。私たちはそんな騒動から遠ざかるのが良いと思った」と説明し、北朝鮮で権力争いがあった可能性を示唆した。

夫妻の亡命は、前述したように一九九八年だ。傍目からは唐突に映るが、ベルン（スイスの首都）にあるアメリカ大使館に駆け込み、亡命を申請した。数日後にはドイツのフランクフルト米軍基地に移され、そこで数ヵ月のあいだ調査を受けた。その過程で、二人は北朝鮮統治者との関係を明らかにした。現在、アメリカ市民権を得た夫妻だが、いつかは北朝鮮に帰りたいという思いをインタビューのなかで打ち明けている。李剛は言う。「私はアメリカも北朝鮮のことも理解している。だから私なら、二国間の交渉を取りもつことができると思う」「もし金正恩が私の覚えているままの人物であれば、彼と会い、話すことができるだろう」と（『朝鮮日報』、二〇一六年五月二八日）。

金正恩のスイス留学は、金正日の指示であることが知られている。金正日は子どもの頃、北朝鮮国内で公教育を受けたことにより、同僚や教師に自分の行状をことごとくさらけ出したため、指導者としての威厳を失ったと考えた。自分の経験から、子どもの金正恩、金正哲、そして金与正を早い時期から海外留学させたと考えられる。

一九九六年の夏頃、金正恩は先に兄が学んでいたベルンの国際学校に入学したが、数ヵ月で辞めた。その後、家の近くにある公立小学校でドイツ語の教育を受け、一九九八年八月に同市のリーベフェルト・シュタインフェルチュリ公立中学校七年生（韓国では中学一年生にあたる）に編入したと伝えられる。

その学校も、金正恩が九年生だった二〇〇〇年末に辞めたという。当時、担任であったシモネー・クンは、『毎日新聞』（日本）に次のように語った。「昼休みに彼が職員室に来て、『明日、帰国する』と言った。翌日から来なかった」。留学中、金正恩は「パク・ウン」という仮名を使っていたという。

当時、金正恩と一緒に授業を受けていた学生は、映画とコンピュータに関心が高く、バスケットボールや勝負が好きな野心的な子どもだったと回想している。

元山招待所で、高容姫がスキー場での話を持ち出したことがある。「大きいお兄ちゃん（金正哲）はスキーが上手く、私の前で格好よく止まりました。小さいお兄ちゃん（金正恩）はスノーボードが上手でした」。二人はスイスに留学していたとき、スキー場によく遊びに行ったようだ。なお、高容姫は当時、金正哲を「大きいお兄ちゃん」、金正恩を「小さいお兄ちゃん」と呼んでいたという（藤本健二、二〇一〇）。

北朝鮮の人民が食べるものにも事欠く経済難に見舞われている二〇一三年、金正恩は馬息嶺《マシンニョン》スキー場建設を強行した。これは、人民の生活の質を向上するためではなく、金正恩がスイス留学時代に楽しんだスキーの経験と関連があると考えられる。このような側面を見ると、金正恩はかなり自分勝手な人物と考えられる。

一九九八年六月二六日、高容姫の誕生日の日のことだ。当時一四歳だった金正恩がこう言った。「ところで藤本、外国のデパートや商店に行ってみたら、どこに行っても、物資と食品であふれていて驚いた。我が国の商店はどうだろうか」。この発言に藤本は驚いたという。藤本によれば、金正恩は日本にも旅行したことがあるという。スイスはもちろん、留学中には他のヨーロッパ諸国にも家族で旅行したことがあるようだ、と述べている。目の当たりにした海外の豊かさに衝撃を受けていた印象だった。藤本は、まだ一〇代半ばの金正恩が自国と外国を比較している事実に驚いたこと、社会に対する関心は兄の金正哲に比べて金正恩のほうが強かったのではないかと述べている（藤本健二、二〇一〇）。

二〇〇〇年八月、元山から平壌に向かう専用列車のなかで、金正恩が藤本に少し話をしようと提案した。このとき、金正恩は一六歳。夏休みを利用して、留学先のスイスからしばらく帰国していた。彼は夏休みになると二〜三ヵ月ほど帰国し、さらに冬休みと北朝鮮の重要な記念日にも帰国していたために、実際にスイスにいたのは一年のうち五ヵ月程度だったようだ。

列車のなかで金正恩は、北朝鮮の現況について真剣に話したという。「我が国は、アジアの他の国に比べて工業技術が著しく劣っている。我が国のなかでアピールできるのは、地下資源のウラン鉱石くらいだろう。招待所でもしばしば停電になり、電力不足は深刻とみえる」。言葉が通じないスイスに留学し、それなりに苦労をしたようだ。視野が広がり人間的に成長したように映ったという。

幼い頃から何一つ不自由なく飛び回って遊んでいた「甘えん坊」の面影は、もはや見つからなかったという。「日本がアメリカに負けたの？　しかし、すばらしく復活したではないか。店に行っても品物であふれていた。ひるがえって、我が国はどうだろうか」「我が国もあのようにならなければならない」——金正恩は国内の物資不足を常に心配し、外国のように自国を豊かにしなければならないという考えを芽生えさせていたようだ。

また、金正恩は重要な隣国である中国についても話題にしたという。「上（金正日）から聞いた話だが、今、中国はさまざまな面で成功しているようである。工業や事業、ホテル業、農業など、すべてがうまくいっていると上で話していたよ」「我が国の人口は二三〇〇万人だが、中国はそれをはるかに上回る一三億もの人口を抱えている。それなのに、よく統制ができている。見事だ。どのように電力を普及しているのだろうか。一三億人を食わせることができる農業の力も驚異だ。農産物の輸出も成功していると言っていたよ。さまざまな面で我々が手本にしなければならないだろう」。中国の改革開放政策の成功の知らせを金正日から伝え聞いた金正恩はその事実に強い関心を持ち、自国の現実を変えるためには中国のやり方を見習う必要があると考え始めたようだ、と述べている。

金正恩と藤本の討論は、午後一一時を過ぎてから始まり翌朝午前四時頃まで、約五時間にわたって続けられたという。当時、まだ留学中だった金正恩がこのような話を持ち出したのは、おそらく金正日から後継者を暗示する言葉を聞いたからではないか、と藤本は思ったという。金正日は普段から、党や軍幹部の前で金正恩のことを「私に似ている」と満足気に話していたが、金正哲に対しては、「こ奴はだめだ。小娘のようで」と言っていたという。

金正日が金正恩を偏愛していることは、家族で食事をとる際にも明らかだった。食卓では金正日が中央に座り、その左側に高容姫、金正恩の順に座ったという。金正日の右側の席は金与正、その隣が金正哲だった。したがって、高容姫が食事の席に参加できない場合、金正恩は金正日のすぐ隣の席に座ることができたが、金正哲はそれができなかったという。高容姫も幹部との食事の席で、金正哲より金正恩を金正日の後継者に決めようとする雰囲気を演出したという（藤本健二、二〇一〇）。

二〇〇一年三月一五日、元山招待所で金正恩はベンツを運転して現れた。車中で藤本とともにタバコを一緒に吸っていたところ、「ところで、藤本。私たちは毎日のように、馬やローラーブレードに乗り、バスケットボールをしている。夏にはジェットスキーをしたりプールで遊んだりするが、一般人民はどのように暮らしているのだろうか」と、思いがけない言葉を藤本に伝えたという。藤本はこのとき、金正恩がいつか北朝鮮の中枢としての役割を引き受けるようになるのは間違いないと思ったという（藤本健二、二〇一〇）。同時に藤本は、金正日の後継者として立つに違いない、という確信も持ったようだ。

しかし、二〇〇三年一二月末頃、金正日は党中央委員会及び国防委員会の責任者の前で、次のように話したと伝えられる。「来年（二〇〇四年）は、私が金日成主席の偉業を継続してから一〇年になる。去る一〇年は、我々の苦労は多かったが、我々の先軍領導が正しいということを一千万回もわかるようにした。……我が軍隊と人民が百戦百勝の歴史と伝統を引き継ぎ、偉大な金日成同志の思想と偉業を果てしなく輝かせていかなければならない神聖な義務がある。……このため、金正哲をよく奉じて補佐しなければならない」。おそらくは、二〇〇〇年代初めまでは金正哲が金正日の後継者に決まる可能性が相対的に高かったといえる。

金正恩は兄と違い、一五、一六歳の頃まで異性にあまり関心を示さなかったという（藤本健二、二〇一〇）。二人とも音楽は好きだった。二〇〇〇年の夏休み、一時帰国していた金正恩は、藤本がウォークマンで聴いていたホイットニー・ヒューストン〔アメリカの歌手、女優〕の歌を録音したいといって借りたことや、韓国の人気歌手のCDを持っていたこともある。その歌を聴き、「本当に良い」と言うこともあったという。

金正恩は二〇〇二年から二〇〇七年まで、金日成総合大学物理学科と北朝鮮の軍幹部養成機関である金日成軍事大学に同時に在籍したことが知られているが、両大学に通学して正規カリキュラムを学んだのではない。出席はほとんどせず、たとえば、金日成軍事大学の論文指導教授だった元人民軍総参謀長の李英浩などを家に呼び、個人指導を受けたと伝えられる。金正恩はこうして学んだ結果、二〇〇六年一二月に「衛星航法システム（GPS）を利用した作戦指導正確性向上模擬実験」という砲兵関連軍事学論文を発表したと伝えられる。

このように金正恩の面倒を見てきた李英浩も、二〇一二年七月には粛清された。金正恩の許可なく、軍事パレードに参加した軍部隊を移動させたというのが理由だった。しかし、当時の北朝鮮当局は、身辺関係の問題で李英浩をすべての職務から解任した、と発表しただけだった。その後、二〇一六年六月に「ＮＨＫ」（日本）は北朝鮮指導部の内部文書を手に入れ、放送した。文書には、「ある一部隊の労働者は、反党反革命分子である李英浩の奴の職権に遊び、こ奴の貪欲さが敬愛する最高司令官同志の思想と意図に反するということを知りながらも、」とあった。このことから、身辺関係ではなく、金正恩にとって目障りな存在となり粛清された、という事実が明らかになった。また、文書には「人民軍は、頭上で雷が落ち足元で爆弾が爆発しても、最高司令官の命令なしに自身の位置を離脱する権利はない」という内容もあったという。

一時は金正恩の指導教授でもあった李英浩の粛清は、すなわち、金正恩の他人に対する強い猜疑心という偏執症の症状と、金正恩の権威を損なったことに対する怒りと関係していると判断できる。

二〇〇四年、金正恩は金正日の勧めで江原道平康《ピョンガン》軍五軍団に人民軍下士官として入隊し、三年程度の勤務後、中将に進級した。北朝鮮では一般に、金日成総合大学を卒業すれば軍への服務が免除される。金正恩はその対象にもかかわらず入隊した。

二〇〇九年三月ないし四月頃、金正日は金正恩を保衛部長に任命し、自分の代わりにエリートたちを監視させた。自分の死後、金正恩が彼らを確実に掌握することができるように計らったのだ。

李永鐘の『後継者金正恩』によれば、二〇〇九年四月初め、平壌中区域にある「牛岩角《ウアムカク》」を保衛部員が急襲したという。牛岩角とは、金正日の長男である金正男が平壌にいるときに主に滞在する、一種の別荘のようなところだ。ここで金正男の追従勢力が頻繁に集会を開いていたという。韓国の映画監督である申相玉と俳優の崔銀姫が住んだところでもある。金正恩の指示で保衛部員が牛岩角を急襲、金正男の側近を連行し、書類を押収するなどの調査をしたという。このとき金正男は現場にはいなかった。後に事件の全貌を知った金正男は、異母弟の金正恩に激しく反発したという。

二〇一〇年九月二七日、金正恩は人民軍大将に任命され、翌二八日に第三次党代表者会議で党中央軍事委員会副委員長及び党中央委員会委員の任命手続きを経て、金王朝の後継者として正式に決まった。幼年期、青少年期の写真でしか知られていなかった金正恩の顔が、党代表者会議での記念写真を通してメディアに発表された。

二〇一〇年一〇月一〇日に党創建第六五周年記念式が開かれた日、北朝鮮はラジオを通して「不世出の指導者を迎えるのは、我が民族の幸運」と放送したという（李相哲、二〇一二）。その内容の一部は次の通りだ。「金正恩同志は政治、経済、文化、歴史、軍事に精通し、多くの外国語を駆使することができる天才である。二年間の海外留学中に英語、ドイツ語、フランス語、イタリア語をマスターしたが、それに満足せず、七ヵ国語を完全に征服することを決心する。将軍様（金正日）を補佐し、国内外の重大事を指導する多忙な中にも中国語、日本語、ロシア語を勉強した」「共和国が核保有国になったことは、金正恩同志のお陰である」「（留学中に金正恩同志は）米帝国主義と帝国主義列強が起こした戦争を目の当たりにした。そこで、金正恩同志は核を持った者には、核で対抗するしかないという決意を固くした。そのお陰で核を持つことができた」

前述した延坪島砲撃事件（二〇一〇年一一月二三日）を受け、『朝日新聞』（日本）に北朝鮮内部消息筋として、「金正恩の名前で先月初めに『敵の挑発行為にいつでも反撃することができる態勢を備えろ』という指令が北朝鮮軍幹部に下達された」という記事が載った（二〇一〇年一二月一日付）。この事件の背後には、金正恩が権力を継ぐ構図をさらに確実なものにするための意向があったと分析された。特に金正恩は、国内で砲兵専門家として美化されており、彼の業績をさらに大きくするためのものと推測されている。

二〇一一年一二月一七日に金正日が急死するとすぐ、金正恩は後継者としての業務を差し当たって引き受け、一二月二九日には朝鮮人民軍最高司令官に推戴される。

二〇一二年四月一一日、金正恩は第四次党代表者会議で党第一秘書に、二日後の一三日に開かれた最高人民会議では国防委員会第一委員長に推挙され、金正日のすべての職責を継承した。これにより、洋の東西を問わず、現代史において類のない金王朝の権力世襲が確立された。同日、権力世襲を記念して「光明星三号一号機」〔北朝鮮の説明では人工衛星〕を打ち上げたが、技術的問題で失敗する。

二〇一二年七月一八日、最高人民会議は国防委員会第一委員長であり最高司令官である金正恩に、既存の大将階級からさらに二段階高い「元帥」の称号を付与することを決める。この称号は、既に死亡した金日成と金正日にだけ付与された「大元帥」のすぐ下の階級で、それまでは唯一、李乙雪にだけ贈られた称号であった。その下の「次帥」は、解任された李英浩を含め、現在計八人であることが知られている。

二〇一二年一二月一二日、北朝鮮は「銀河《ウナ》三号」〔ロケット〕を発射し、〔人工衛星の光明星三号二号機を切り離して〕衛星軌道に上げることに成功した。

前述したように二〇一三年、金正恩は二〇一八年二月に韓国の江原道平昌《ピョンチャン》で開催される冬季オリンピックの南北共同開催を念頭に置き、人民軍に平壌から一八九キロメートル離れている元山市郊外に馬息嶺スキー場を建設するよう指示し、一番の側近である崔龍海《チェ・リョンヘ》を責任者に内定する。

スキー場の建設は、高容姫にも関連があるように思われる。高容姫が一九六二年に北送船に乗り、北朝鮮に到着した場所が元山である。そのため高容姫は、金正日の側近から「元山宅」と呼ばれていたそうだ。さらに、金正恩が生まれたのは金正日の元山別荘六〇二号招待所であるという説もある。金正恩にとって、元山は愛着のある町なのだろう。そのため、スキー場だけでなく、元山葛麻《カルマ》飛行場を国際空港として設備を整え、さらに浜辺には「葛麻ホテル」と「セナルホテル」を建築するなど、元山を観光特区として開発していると伝えられる（チョン・チャンヒョン、二〇一四）。

崔龍海は金正恩に対し、世界が驚くほどのスピードで世界一のスキー場を完成すると公言し（「馬息嶺スピード」をスローガンとした）、実際に一年もかけず、スキー場を完成させた。このスキー場は、白頭山にある「ベゲ峰スキー場」に続き、北朝鮮で二番目に作られたものである。総滑降距離一一〇キロメートル、スロープが一〇本あり、冬季オリンピックも開催できる規模という。二〇一三年一二月三一日、スキー場の竣工式に参加した金正恩は、建設責任者の崔龍海から、「馬息嶺スキー場は、人民に社会主義的富貴栄華を享受させようとする朝鮮労働党中央の、人民に対する愛が遂げた高貴な結実です」と賛辞を受けた。

二〇一四年一月一日、金正恩は「朝鮮中央テレビ」を通して「昨年、我々の党は、強盛大国の建設を志向する躍動の時期に党内に潜在していた分派の汚物を排除する断固とした措置を取った。〝馬息嶺スピード〟で馬息嶺スキー場をはじめとした多くの施設を短期間に建設することで、新しく変貌する祖国の立派な姿を内外に見せ、これに人民の幸せな笑い声がもっと高く響き渡るようになった」と、新年の辞を発表した。

問題は、入場料二〇ドルを払ってまでスキー場に遊びにくる人民はほとんどない、ということである。ましてや、北朝鮮の劣悪な交通網により、中国人をはじめとした外国人がスキー場を訪れることもほとんどない。

さらに深刻な問題は、金正恩が強調した馬息嶺スピードというスローガンのために、二〇一四年五月一三日に平壌市平川《ピョンチョン》区域にある二三階建ての幹部用新築アパートが、スピードを優先するあまり突貫工事となり、完成後に崩壊したことだ。このアパートは、金正恩の官邸からわずか二キロメートルほどの距離にあったという。崩壊事故で幹部家族九二世帯、五〇〇人余りの死者が出た。この事故に対し、崔富日《チェ・ブイル》・人民保安相が公開謝罪をしたという。

二〇一三年二月一二日、金正恩は咸境北道吉州《キルジュ》郡でマグニチュード四・九（アメリカ地質調査局によれば、マグニチュード五・一）の核実験を強行し、世界各国から非難された。三月には、一九九一年に締結した基本合意書を破棄する、と発表する。

一週間後の二月一九日、前年に金正恩と非公式に結婚した李雪主との間に、娘の金主愛《キム・ジュエ》が生まれる。

同年一二月一二日、前述したように金正恩は、叔父の張成沢を反党・反革命分子に追いやり、高射銃で一〇〇余発を乱射して処刑し、さらに火炎放射器で死体を燃やすという非道な行為を犯す。

二〇一六年五月六日に開催された第七次党大会で金正恩は、党委員長に推戴される。また、党中央委員会委員、党政治局常務委員及び党中央軍事委員会委員長など、すでに持っていた党職にも再び選出される。

党委員長は、金正恩の祖父である金日成が一九四九年六月、北労党と南労党を「朝鮮労働党」に統合し、自ら就任した職責である。これは、金正恩が自らを北朝鮮の経済状況がいくらかは良かった時代の統治者であった祖父と同一化することで、北朝鮮人民の心に古き良き時代を呼び起こし、安定した執権を行おうとする試みにすぎないと考える。

実際に、第七次党大会を控え、『労働新聞』（北朝鮮）は、金日成が政権を握っていた一九六〇年代を「黄金の時代」と表現している。同紙は「今日、我々世代が父、母にしばしば聞いた六〇年代の話、真実で宝玉のような歳月、豊で実りある黄金の時代だった」「今になってみれば、人民の理想郷は遠くにある夢ではなかった」と報道し、北朝鮮人民に金日成という存在を神格化させた。当時の北朝鮮は、ソ連及び中国、そして東欧圏の支援の下、年間一〇ないし二〇%程度の経済成長率を遂げていた。

このような理由で、金正恩は第七次党大会では、父・金正日のジャンパースタイルの代わりに、祖父・金日成にならいスーツ姿で登場した。そして、金日成が使っていたものに似た角縁眼鏡を着け、演壇をつかんで演説文を読んだ。まさに、金日成と自分を重ね合わせようとする意図であると言える。

北労党は、一九四六年、一九四八年、一九五六年、一九六一年、一九七〇年の五回、党大会を開いている。第六次党大会は一九八〇年で、このとき金日成から金正日への権力の世襲を決定づけた。以後、金正日は死去するまで、一度も党大会を開いていない。人民生活の向上なしには次の党大会を開いてはならないという金日成の遺訓によるものと伝えられる。したがって、二〇一六年五月の第七次党大会は三六年ぶりに開催されたものである。

二〇一六年六月二九日、金正恩は国防委員会を廃止して国務委員会を新設、それとともに国防委員会第一委員長から国務委員会委員長に就任した。

翌二〇一七年一月一日、金正恩は自ら新年の辞を発した後、頭を下げて挨拶した。北朝鮮統治者としては異例なことだった。姿や音声をほとんど公にしなかった隠遁型の金正日とは明らかに違う姿勢だった。また、北朝鮮の人民が五年ぶりに聞いた、統治者の肉声だった。

金正恩の新年の辞の内容も、「私を信じてくれ、熱烈に支持してくれる人民を、どのようにさらに高く担ぐことができるのかという憂いで心が重くなる」「気持ちだけで能力が伴わないことへの口惜しさと自責のなかで一年が過ぎた」「今年はもっと頑張って努力し、全力で人民のためにさらに多くのことをする」など、北朝鮮の絶対権力者としては似合わない、あまりにも謙虚な姿勢だったと伝えられる。

金正恩のこのような新年の辞は、統治基盤及び国家を掌握しているという自信から出た、新しいリーダーシップ戦略という分析もある。しかし、筆者はこれを防止策と考える。すなわち、北朝鮮人民の生活の質が落ち続け、金正恩の高圧的な統治姿勢に対する不満が拡大して脱北者が増えれば彼の統治政策に跳ね返り、致命的な打撃を与えることになる。それを事前に予防しようとするものだ。金正恩が本当に自信を持っていれば、もう少し早い段階で核爆弾を放棄し、改革・開放に向けて進んだはずだ。金正恩は、北朝鮮を開放するその瞬間、外部から情報が流入し、自分の権力が終焉を迎えるという可能性を知っているのだろう。

金正恩の妻、李雪主

李雪主は一九八九年九月二八日、咸境北道清津市水南《スナム》区域で生まれた。幼少から平壌で教育を受け外国留学までしたことから、平均的な家庭の出身ではなく、思想的にもかなりの上位階層出身と推定される。

李雪主の父は空軍操縦士出身で空軍大学教員、母は水南区域にある病院の産婦人科医として知られている。李雪主は、平壌中区域の慶上《キョンサン》幼稚園を経て、倉田《チャンジョン》小学校に通った。どちらも芸術人材養成機関として有名で、金正恩が執権後、最初に訪問した教育機関でもある。その後、李雪主は平壌金星第二中学校に進学、卒業した。

李雪主は、韓国の仁川《インチョン》広域市で開催した第一六回アジア陸上競技選手権大会〔二〇〇五年九月一～四日〕に北朝鮮が送った一二四人の青年学生協力団の一人である。二〇〇五年八月三一日から五泊六日の日程で韓国を訪問した。当時、金星学院専門学部一年生に在学中だったという。このとき李雪主は三回の公演に出て「花見」という曲を歌い、選手たちを応援したと伝えられる。金星学院も北朝鮮では有名な芸術専門学校で、李雪主はここで本格的に声楽を学んだという。

二〇〇七年五月に『中央日報』〔韓国の日刊紙〕をはじめとした韓国の記者たちが金星学院を訪問したときも、彼らを歓迎する学生芸術公演に参加し、同期たちとともに七重唱を披露した。

二〇〇八年に卒業してから約一年間、中国やドイツなどに留学した。その後、金日成総合大学博士院に在籍中の二〇〇九年、女性六重唱団である「モランボン重唱団」の団員に抜擢される。この重唱団は「銀河水管弦楽団」としばしば協演した。銀河水管弦楽団協演歌手としての李雪主の履歴は、二〇一〇年九月の「九月音楽会」から二〇一一年二月の「正月名節音楽会」、そして北朝鮮に駐留する中国の高官関係者のための特別公演という、かなり短い期間に限られる。

北朝鮮専門家は、二〇一一年二月を最後に李雪主が声楽家としての人生を閉じ、金正恩と本格的に交際あるいは同居を始めたと見ている。しかし、その年の一二月に金正日が急死。金正恩と李雪主は葬儀及び一〇〇日間の服喪期間が過ぎた後、ひそかに結婚式を挙げたと伝えられる。

二〇一二年七月六日、新たに組織されたモランボン楽団のデモンストレーション公演当時、人民軍総政治局長の崔龍海とともに金正恩のすぐ側に座っている姿が、翌七日の「朝鮮中央放送」を通して公表された。また、同月二五日に国営メディアが、金正恩の綾羅人民遊園地竣工式参加の動向を伝える際、〝妻の李雪主とともに出席した〟と明らかにした。これにより、金正恩の正式の妻であるという事実が確認された。

このときの竣工式行事には、北朝鮮に駐在する中国大使の劉洪才夫妻を含め、各国の外交官夫妻が参加したという。李雪主は劉洪才夫妻と握手をし、他の外交官とも言葉を交わしたという。李雪主は遊園地をバックに、一般の北朝鮮人民には奔放な行動として映る、金正恩と腕を組んだ姿を見せたと伝えられる。

李雪主が金正恩の妻として初めて正式に公の前に姿を現したのはこのときであるが、実はそれより約二ヵ月前の五月一日、平壌人民劇場でメーデー慶祝音楽会を観覧したとき、金正恩の側にいる姿がすでに公開されている。当時、「朝鮮中央通信社」が公開した写真である。李雪主はすべての観客が金正恩に向かって拍手を送るなかで手を叩かず、周囲を見回していたと伝えられる。

五味洋治（二〇一四）は、『金正恩を誰が操っているのか』で、北朝鮮を専門にするメディア「デイリー

ＮＫ」〔韓国の市民団体である北朝鮮民主化ネットワークが発行するインターネット新聞〕によれば、北朝鮮当局は二〇一二年七月頃から李雪主が登場する映像物を回収するよう、国内の各機関及び企業、「人民班」〔末端の行政組織でいわゆる町内会だが、戦前の日本の隣組のような組織〕に指示を下したという。もともと北朝鮮では、芸能出身の女性に対する拒否感がある。高容姫も舞踊家出身だが、その経歴は隠されているという。

李雪主は二〇一二年九月、金正恩とともに平壌の「仓田街《チャンジョン》アパート」に暮らす一般家庭を訪問した。そこでは、あらかじめ準備して持参した食材を調理して老人に振る舞ったり、子どもたちに手作りの食べ物を贈ったり、住人に料理の方法を教えたりした。かつての金日成や金正日時の妻たちとはまったく異なる行動をすることで、積極的に北朝鮮の人々に親近感を示そうとしているようだ。

二〇一二年一一月には、公の席上にゆったりとしたマタニティ服のような服装で現われた。妊娠中ではないかと憶測を呼んだが、翌二〇一三年一月一日のモランボン楽団新年慶祝公演では、ほっそりとした姿を見せ、今度は出産したのではないかと推測された。夫妻の娘である金主愛の誕生日は二〇一三年二月一九日と知られているが、李雪主が産後の姿を公にした日は、娘の誕生日より約一ヵ月早い。何らかの隠された意図によって、北朝鮮が李雪主の出産時期を人為的に調節した可能性があると思われる。

李雪主は、これまで北朝鮮のメディアに登場した高位の女性たちに比べ、非常に派手な出立ちをしており、相当強い自己顕示欲を持っていると見られる。北朝鮮の一般の女性と違い、海外のブランドやファッションに関心が高い。北朝鮮のファーストレディとしては初めて、公式の席上にズボンを履いて現れたり、「ティファニー」〔アメリカを代表する世界的に有名な宝飾品等のブランド〕のネックレスを着用したり、「クリスチャン・ディオール」〔フランスを代表するファッションブランド〕のハンドバッグなどを持っていたりする。また、前述のように金正恩と腕を組む姿や、一般家庭を訪問して食事を作るなど、前例にない行動を披露している。

二〇一六年一二月四日、「朝鮮中央通信」は金正恩が李雪主とともに人民軍航空及び反抗空軍飛行指揮成員〈指揮官〉戦闘飛行術大会を参観した、と報道した。二〇一六年三月二八日に金正恩に従って平壌の普通江《ポトンガン》川辺に新たに建設された「未来商店」訪問以後、九ヵ月ぶりのことである。この間、彼女が姿を見せなかったのには諸説ある。まず出産説、次に金正恩との不和説、そして、宣伝扇動部副部長である金与正の牽制説、などだ。

七　金正恩のきょうだいたち

金雪松

金雪松は金正日と二番目の妻である金英淑の間に、一九七四年一二月三〇日に生まれた。金雪松の下に、北朝鮮のメディア媒体には露出していない金春松という妹がいると伝えられる。

金雪松は、金日成総合大学政治経済学科を卒業し、周囲からは聡明であるという評価を受けているようだ。金雪松はかつて組織指導部副部長の任にあったが、金正恩政権後は組織指導部部長を引き受けていると知られている。現在、彼女はその職で幹部の一挙手一投足を査定するうえ、財政経理部まで担当している。金正恩の裏金管理部署である「三九号室」〈金正日が外貨を稼ぐ手段として朝鮮労働党中央委員会政務局に設立した〉を担当し、国内で相当な権力を持っていると伝えられる。金正恩は異母姉の金雪松に諮問を求め、姉として礼遇したという。

金正恩が金雪松を重用するのは、実兄の金正哲と違い、自分の地位を危険に晒さないと確信しているからだと考える。金正恩は、他人への根深い猜疑心という偏執症によって、実兄でさえ自身の地位をいつでも危うくしうると疑っていると考える。

金正男

金正日と最初の妻である成恵琳の間に、一九七一年五月一〇日に生まれた。実質的に金正日の長男である。金正男の存在を祖父・金日成が知ったのは一九七五年頃、すなわち、金正男が四歳を過ぎてからだったという。金日成は当初かなり腹を立てていたが、どうしようもない状況なので、孫として受け入れたという。

前述したように、金日成にも私設看護師との間に、金正男と出生年が同じ金賢という息子がいたため、金正男の存在について金正日を叱りつけるのは無理があると思ったに違いない。また、狡猾な金正日が父の弱点である金賢の存在を把握し、その事実を利用して、金正男の存在を金日成に知らせたと見ることもできる。

李潤傑《イ・ユンゴル》の『金正日の遺書と金正恩の未来』（二〇一二）によれば、金正日は命令調の遺言を残したという。遺書のなかで子どもたちを心配しているが、特に金正男には多くの配慮をしなければならないと書かれていたという。それは、金正男には障害が多くあるので、でも悪い子ではないから、と。

幼少期の金正男について、公的に知られていることはほとんどない。金正男の叔母である成恵琅の自叙伝『藤の木の家』と、彼女の息子であり、金正男の従兄である李韓永の『金正日が愛した女たち――金正男の従兄が明かすロイヤルファミリーの豪奢な日々』を通して、幼い頃の金正男の一片が知られる程度である。したがって、金正男の子ども時代については、先の二冊を引用していきたいと思う。

李韓永は、金正男が五歳の一九七六年から一九八二年まで――この年に李韓永は韓国に亡命した――毎年、彼の誕生日をともに祝ったという。李韓永（二〇〇四）によれば、北朝鮮には金正男の五月一〇日の誕生日に備えて護衛司令部に「贈り物購買担当部署」が造られ、そのために日本や香港、シンガポール、ドイツ、オーストリアにまで買い付けに行ったという。贈り物の総額は約一〇〇万米ドル〔日本円で約一億円〕だった。金正日から息子・正男への贈り物の総額に比べると、韓国財閥は貧相に見えたと李韓永は述べる。贈り物には、ダイヤモンドがはめ込まれた時計、金メッキの玩具のピストルなどのほか、特に子どもたちの関心を惹くゲーム機は値段に関係なく、すべて購入してプレゼントしたという。

誕生日の日、金正男は人民軍元帥服を着て名誉衛兵隊を査閲した後、金正日の手を取って三〇〇坪ほどの広さの娯楽室に入り、贈り物を見回したという。ちなみに、金正男の誕生日に身に着けた元帥服は、ロシアの陸海空軍の元帥服と北朝鮮人民軍の元帥服を、毎年交互にあつらえたという。金正男は毎年、誕生日になると昇級した。三歳で少将、四歳で中将、五歳で上将、六歳で大将、七歳で元帥、八歳のときは大元帥であったという。金正日が階級章を軍服に付けてやり、八歳以後、官邸では「大元帥同志」と呼ばれたという。金正日が息子の名前を呼ぶとき、「副官」と呼ぶこともあったという。

金正日は幼い金正男をかなり溺愛したという。金正男が三、四歳のときのことだ。尿意を訴えた金正男に対し、肌着だけをまとった金正日がすぐに牛乳瓶を手に取り、息子の尿を直接とっているところを、ビデオで撮影した映像もあるという。

金正男はある程度大きくなってからはしなくなったが、三、四歳のときには、父が一人で食事しているのを見ると広い食卓に這い上り、「パパ、おいしいの？」と、愛嬌を振りまいたという。金正日はこのような金正男をとてもかわいがっていたようだ。

ある日のこと、抜歯をしない、と金正男が官邸でごり押しをして大騒ぎになった。叔母の成恵琅がいくらなだめても聞かず、金正日に連絡した。金正日が家に戻りなだめても、やはり手の付けようがなかったという。仕方なく、金正日が「どのようにすれば、歯を抜くつもりなのか」と言うと、金正男が「パパとまったく同じ自動車を一台欲しい」と言ったという。金正日が買ってやると約束し、辛うじて抜歯した。金正日はその後、「キャデラック」を与えたという。

金正男が幼い頃、李韓永が金正日の官邸にある韓国の童話を読み聞かせたとき、意外にも興味を示したという。最も関心を持ったのは『あの空にも悲しみが――ユンボギの日記』（李潤福《イ・ユンボク》著）だった。ふだん、他の童話では二〇分ほど読んでいると眠りに入るのに、この本のときは寝ようともせず、涙を流して鼻をすすり、「ユンボギは今、何をしているだろうか。まだ、お腹が空いているだろうか」と尋ねたという。その後、成長した金正男が李韓永と車に乗っている途中に平壌の普通江川辺でぼろぼろの服を着た子どもが歩いている姿を見た。金正男は、「あの子はユンボギみたいだね」とつぶやいたという。

ここで、童話作家の李潤福について少し説明をする。李潤福の母は、夫の飲酒癖と賭博に愛想を尽かして家出した。一九五九年、李潤福が大邱《テグ》明徳《ミョンドク》小学校一年生のときのことだ。以降、李潤福は母に代わり、靴磨きと新聞販売をしながら父と二人の妹、そして弟の面倒を見てきた。三年後の一九六二年、李潤福が小学校四年生のときのことだ。クラスの子どもたちが書いた日記を読んでいた担任の教師が、李潤福の絶望的ともいえる事情と文才を知った。翌年、李潤福を支援しようと、日記の内容をそのまま『あの空にも悲しみが――ユンボギの日記』という単行本にまとめ、出版した。一九六五年、同名の映画が作られた。当時としては異例ともいえる、三〇余万人の観客を記録した。その後、李潤福の家庭の事情は良くなり、家出していた母も帰ってきた。家族関係は改善したが、李潤福自身は一九九〇年、三八歳の若さで慢性肝炎により亡くなった。

金正男は幼い頃、韓国のテレビ放送に親しんでいた。娯楽番組の「コメディオールスター清廉潔白戦」やアニメなど、ほとんどすべて観ていたという。活劇映画も好きで、〔韓国の有名俳優である〕申星一《シン・ソンイル》や張東輝《チャン・ドンフィ》が出る明洞《ミョンドン》やくざ映画はよく観ていた。許長江《ホ・ジャンガン》が出演する映画が特に好きだったという。

前述した韓国の映画俳優・崔銀姫が、金正日の官邸で金正日、成恵琳とともに食事をしたときのことである。金正男が崔銀姫を見て、「おっ、『離れの客とお母さん』だね」と言ったという。崔銀姫は韓国映画「離れの客とお母さん」の主演だった。崔銀姫はこのとき、「かわいいご子息様」と金正男を撫で、金正男は彼女の名前を「崔銀姫」と聞くやいなや、「美しい名前だ」と褒めたという。

当時、金正男は韓国コメディ界の王である李朱一《イ・ジュイル》の真似をして「いったん、一度来てみなさいってばよん」「頭をアロンドゥロン〔フランスの映画俳優アラン・ドロンを訛った表現〕のようにしてください」などと言って、彼に強い好奇心を寄せていた。一九七九年のある日、金正男は、お金はいくらでも出すから今すぐ李朱一を自分の前で公演させろ、と官邸責任者に無理を言ったという。仕方なく李朱一に似た人を一人選び、一週間厳しい訓練をさせて金正男の前で公演させた。金正男は二〇分ほどそれを見た後、「ご苦労。演劇を装うために苦労が多かったな。練習をもっとたくさんしなくては」「李朱一ではないということは初めからわかっていた」と言い、自室に戻ってしまったという。

金正男は国内で正規教育を受けず、一九八〇年の秋にジュネーブの国際学校に入学する。

金正日は金正男のために、ジュネーブ郊外レマン湖畔の高級住宅街にある敷地面積二千五百坪、建坪約五百の一戸建てを購入して、伯母の成恵琅と外祖母の金源珠、そして警護員と運転手を含め数人の随行員を派遣したという。

入学当時、スイス駐在韓国大使は盧信永《ノ・シニョン》だった。盧信永が金正男に近付き、どこの国から来たのかと尋ねると、北朝鮮訛りで「平壌から来た」と答えたという〔その後、盧信永は首相（任期一九八五年二月一九日～

一九八七年五月二五日）を務めた］。

一九八二年、金正男の住宅付近で韓国大使館の車がしばしば目撃された。被害を受けるのではないかと不安になった金正日は、金正男をモスクワにあるフランス大使館附設学校に転校させる。

一九八五年、［ソ連の共産党書記長に就任した］ゴルバチョフがペレストロイカを宣言するとすぐに、金正日はソ連に対し政治的敵対感を持つようになった。もはやソ連は北朝鮮の友邦ではなく、信じることができない国家だ、と。再び金正男の身辺を心配した金正日は、変質したソ連よりは中立国のスイスのほうが信じられると金正男をスイスに戻し、ジュネーブの国際学校に編入させる。

一九八六年頃、金正男の情緒が不安定になり放浪癖を見せるようになったので、スイスから北朝鮮に帰国させる。

金正男は、ＩＴ（情報技術）分野に関心が高い「コンピュータオタク」として知られており、一九九八年から北朝鮮のＩＴ政策を主導する朝鮮コンピュータ委員会委員長を引き受けた。また、海外留学により英語とフランス語に長けているほか、ドイツ語と中国語も普通に操ることができ、国際情勢に明るい改革開放主義者として伝えられる。

一九九五年に金正男は人民軍大将となり、一時は金正日の後継者として関心を集めたが、翌一九九六年に叔母の成恵琅が亡命した後は、その立場が揺らぎ始めた。このような問題に加え、北朝鮮も中国式の改革開放政策を採用しなければならないという見解の表明や、二〇〇一年四月にドミニカ共和国の偽造パスポートで日本に密入国しようとして摘発され、中国へ追放されたことなどが重なり、後継者候補から締め出されたと思われる。

以後、金正男は主に中国とマカオなどの地に留まり、金正日から直接指示を受ける武器輸出総責任者として、また、「金哲《キム・チョル》」という仮名を使い、朝鮮労働党三九号室の総責任者として活動したと伝えられる。

二〇〇八年一〇月二七日、「フジテレビ」（日本）系列の各テレビ局は「ＦＮＮニュース」で、金正男がその一週間前にパリのある病院を訪問し神経外科専門医に会っていたこと、そして約二時間後に病院から出てくる姿を放映し、この医者がその後、平壌に発ったと報道した。金正日の治療のために行くのかという取材陣の問いかけに対し、医者は否定しなかったという。その年の夏頃、金正日が脳卒中になり体調が悪化したという時期からいくらも過ぎない時期であった。「ＦＮＮニュース」の報道により、金正男が後継者候補から外れたのかどうかは不明でも、金正日の健康状態にある程度、積極的に関与していたと見ることができる。そのため、金正日が遺言で「金正男に多くの配慮をしてやらなければならない。その子は、悪い子ではない。彼の障害を減らしてやるようにすること」という内容（李潤傑、二〇一二）を残したと考える。

二〇〇九年以後、異母弟の金正恩が後継者に浮上したことから、金正男は後継者候補から完全に外された。以後、海外で亡命生活を送り、二〇一〇年には北朝鮮権力の三代世襲に反対する意見を表明した。

金正日が死去したとき、金正恩の牽制を受けた金正男は北朝鮮に入国することができなかった。長男であるにもかかわらず、金正男は父の葬儀に参加できず、国家葬儀委員会の名簿にも名前が載らないという奇妙な状況を経験した。

金正男は二〇一七年二月一三日、マレーシアのクアラルンプール空港で金正恩の指示を受けたと推測される暗殺団によって毒殺され、悲劇的に生命を閉じた。

金正哲

金正哲は一九八一年九月二五日、金正日と三番目の妻・高容姫の間に生まれた。現在、北朝鮮の統治者である金正恩の唯一の実兄である。

李潤傑（二〇一二）によれば、金正日の遺書に金正哲の名前は記されていないという。遺された家族の一員として息子を心配する、というような間接的に表現だったようだ。金正哲の柔順な性格を考えると、後継者に金正恩を決めてもそれに反発し権力闘争を起こす可能性はない、と金正日は判断したのかもしれない。

事実、金正哲は前述のように、音楽が好きで女性に関心が強く、権力に対する野心より友人と交際するほうを好み、正義感と同情心が強く、幼い頃から弟にあらゆることを譲歩してきたと伝えられる。

このような理由から、弟が金王朝の後継者として確定した二〇一〇年九月以後、金正哲が北朝鮮メディアで報じられることはほとんどない。

二〇一六年八月に韓国に亡命した元イギリス大使館公使の太永浩《テ・ヨンホ》によれば、二〇一五年五月、金正哲がギターの神様として知られるエリック・クラプトンのコンサートを見るためにロンドンを訪問した。太永浩はこのとき金正哲に密着随行したが、金正哲は北朝鮮で何らの役割と地位もなかったという。太永浩は、金正日が後継者になぜ金正哲ではなく金正恩を選択したのかわからない、と言及した。

前述のように、金正哲は弟の金正恩と一緒で、国内の公立学校に通うことはなかった。その代わりに個人指導を受け、一九九三年九月から一九九八年八月頃までは「朴哲《パク・チョル》」という名前で高容淑・李剛夫妻の息子に偽装し、ベルンの国際学校に入学した。以後五年間、スイスで留学生活を送ったと伝えられる。

一九九八年、卒業を間近に控えていた金正哲は突然に帰国した。叔母夫妻がアメリカに亡命したことにより、スイスでの留学生活を続けることが困難になったからであろう。

帰国後の金正哲は、金正恩のように金日成軍事大学で軍事学教育を受けたと推測されている。

ベルンの国際学校校長デビッドは金正哲について、スポーツを楽しみ、授業態度はまじめで、ユーモア感覚も備えたごく普通の学生であった、と回顧した。

　金正哲はスイス留学時代、友人からの評判も良かった。友人らは金正哲が北朝鮮の良き指導者となり、平和な国を造るのを期待したという。

　世宗《セジョン》研究所〔韓国の民間研究所〕の鄭成長《チョン・ソンジャン》首席研究委員によれば、金正哲は一九九〇年代半ば、「私の理想的な世界」というテーマで詩をつくった。「私がもし私だけの理想的な世界を持つことができれば、これ以上、武器と原子爆弾を許容しないだろう。ハリウッドスターのジャン＝クロード・ヴァン・ダム〔ベルギー出身の格闘家、映画俳優〕とともにすべてのテロリストを打ち破るであろう。人々が麻薬に手を出すことをできなくするであろう」

　藤本（二〇一〇）によれば、金正哲はジャン＝クロード・ヴァン・ダムが好きで、彼が出演する映画を数本観ていたという。また、彼の筋肉質な体型に魅力を感じ、〔タンパク質を効果的に摂取できるという〕「プロテイン」のようなスポーツドリンクを飲んで筋肉を鍛え始め、いつしか金正哲の体も引き締まり、筋肉質に変わっていたという。そして、金正哲は一〇代の頃には異性に関心を持ち、一五、一六歳のときには妹の金与正の女性随行員にすっかり入れあげていたという。一方で、前述したがこの頃の金正恩は音楽とゲームは好きだったが、異性には関心を示さなかったようだ。

　ところで、金正哲は二〇〇六年六月にもエリック・クラプトンのドイツ公演に現れている。そのときの姿を同じく「フジテレビ」のカメラがとらえ、報道した。金正哲はこのとき、フランクフルトをはじめとしたドイツ国内四都市で開催されたコンサート四回に、すべて参加している。このときの映像からは、幼い頃から筋肉質だった金正哲の体に脂肪がつき、太ったような印象を受ける。女性ホルモンの過剰分泌を患っていた金正哲が治療のためにドイツを訪れたのではないか、という推測もあった。

金正哲のこうした行動は、後継者選びにも密接に関連したと考えられる。北朝鮮の人民は経済難で生活が大変な状況にもかかわらず、統治者である金正日の息子は海外で音楽コンサートの観覧……北朝鮮の指導部に決して良い印象を与えなかっただろう。あるいは、事実はこれと反対かもしれない。この頃には金正恩の世襲がすでに決まり、後継者候補から外れた金正哲は金正日を含む北朝鮮元老の顔色を見る必要はなく、自分の生活や趣味を優先し、コンサートへ参加したのかもしれない。

権力より音楽とバスケットボールが好きな金正哲だったが、二〇〇〇年代半ばまでは金正日の後継者候補と見られていた。しかし、最終的に金正日は、「金正哲は女の子のようで、度胸も決断力もない」と判断し、自分に似ていると考えた金正恩を後継者に決めた。

金正哲はエリック・クラプトンのシンガポール公演会場でも二度、目撃されている。最初は金正日の誕生日を二日後に控えた二〇一一年二月一四日、妹の金与正と目される女性と一〇人余りの友人及び警護員とともに、二度目は、二〇一五年五月二〇日頃に身元不詳の女性と一緒にいる現場だった。

二〇一六年一〇月、韓国の国家情報院〔大統領直属の情報機関〕は金正哲が最近、弟の金正恩に宛てて送った感謝の手紙の一節――「ひとかどの役割もできない私を温かく大きな懐に抱いて面倒を見てくれる大きな愛に報いる」――を公開した。現在、金正哲は権力構造から徹底的に疎外されているうえ、監視を受けながら生活している。酒に酔えば幻影が見えると言い、ホテルで酒瓶を壊して乱暴を働くなど、不安定な精神症状も表れているという。このような境遇のなかで、夫の張成沢が金正恩に処刑されて権力から追いやられた叔母の金敬姫を同病相憐れみ、ときどき叔母を訪問して安否を尋ねて過ごしているという。

金与正

金与正は一九八九年九月二六日、金正日と三番目の妻である高容姫の間に生まれた。金与正の子どもの頃については、兄の金正恩とともに一九九〇年代の後半、スイスに数年間留学したということ以外、知られていることはほとんどない。

金与正は二〇一二年七月、綾羅人民遊園地竣工式で高官たちが金正恩夫妻を拍手で歓迎するとき、一人で花壇の上に立ち、この様子をじっと見守った。叔母の金敬姫も高官たちに合わせて立ち上がり不動の姿勢をとったが、金与正は違った。金正恩が同列した幹部と握手をするとき、花壇から降りて走って広場を横切った。また、金正恩が花束を受け取り挙手の礼をすると、満面の笑みを浮かべて手を叩いたりしていた。

同年一一月一九日、「朝鮮中央テレビ」は金正恩が騎馬中隊訓練場視察時、金与正が金敬姫とともに馬に乗った場面を公開した。いわゆる白頭血統である金日成の家系のなかで金与正の立ち位置を象徴的に表すものだ。過去、金敬姫が兄の金正日を掌握しようとしたように、金与正が兄の金正恩を近くで操り、最高の勢力になるのではないかと言われるゆえんである。このような理由で、北朝鮮の権力層内部では、「権力のすべての道は金与正に通じる」という意味の「万事与通」とささやかれているという。

二〇一四年、金与正は党宣伝扇動部課長から同副部長に昇進した。これにより、国内の全メディア媒体を掌握して外部からの情報を遮断するなど徹底的な検閲を行い、人民を集団洗脳する作業を通して金正恩の偶像化と彼を補佐する業務を引き受けていると伝えられる。また、金与正は宣伝扇動部だけでなく、人事と組織を総括する組織指導部と、金正恩の秘書室役割をする書記室も掌握し、相当な実権を持っているようだ。

金与正が宣伝扇動部副部長に昇進するとすぐ、「北朝鮮のゲッベルス〔ナチス・ドイツの宣伝省大臣〕」として知られた八〇代の金己男・同部長と第一副部長の李在一《リ・ジェイル》及び六〇代の崔輝《チェ・フィ》などは、地方に追放され肉体労働をする革命化教育を受けたと伝えられる。

二〇一六年五月九日に閉幕した第七次党大会で金与正は、党中央委員会委員一二九人のうち四二番目に名前が呼ばれた。北朝鮮において党中央委員会委員になれば、その後は党の要職である政治局委員になるのが主流である。

現在、金与正の表面的職責は宣伝扇動部副部長であるが、政治局常務委員を含み、誰もむやみに接することができない存在として知られている。

第Ⅱ部

金正恩の精神病理

一　出生時の情緒状態

子どもの性格がどのように形成されるか。それは、子ども自身が持って生まれる気質（Temperament）と、成長の過程で周囲の環境がその子どもにどのような影響を及ぼすかによって決まる。

子どもがいくら難しい気質（Difficult Temperament）を持って生まれても、環境が子どもにとって良いものであれば、その子どもは情緒的に問題なく成長することができる。反対に、いくら優しい気質（Easy Temperament）を持って生まれても、環境が子どもに適切でなければ、その子どもの性格が十分に形成されがたいケースはたびたびある。ましてや、妊娠時から子どもを持つことに懐疑的だったり、自分自身も含めて周囲のさまざまな状況を考えると、お腹の子どもは生まれないほうがよい（Unwanted Baby）と考えるようになれば、妊婦の情緒が不安定になる。母胎の不安定な情緒の状態は胎児にそのまま伝わり、生まれる子どもも情緒不安定である可能性が高くなる。

金正恩の場合は、どうだったのだろうか。

人間が安定した情緒を持って生まれようとするとき、最も重要なことの一つは、妊婦の情緒が安定していることだ。

金正恩の場合、母の高容姫が妊娠中、安定した情緒だったとは考えにくい。

前述したように、高容姫は一九五三年に日本の大阪で生まれ、一九六二年に家族とともに北送船に乗って北朝鮮に渡った在日僑胞出身である。北朝鮮で在日僑胞は「チェッポ」と呼ばれ、最下層に属する。彼らは植民地時代に抗日運動をすることなく日本に渡り、日本に協力して豊かに暮らしたと考えられている。そのために彼らは不信の対象で、公職に就く際にも大学に進学する際にも、多くの社会的不利益を被っていると伝えられる。このような北朝鮮において、高容姫は相当な心理的負担があったと考えられる。

二〇一七年に金正恩は執権六年目を迎えた。しかし、祖父の金日成や父の金正日と違い、誕生日の一月八日に公的な祝賀行事を開催できないのは、母の出身成分が理由であると考えられている。金正恩が誕生行事を催すとなれば、当然、母についても触れなければならない。しかし、高容姫が在日僑胞出身であると人民に公にすれば、北朝鮮で密かに出回っている噂――金正恩は白頭血統ではなく、富士山筋にすぎない――が事実となり、金正恩の白頭血統主張に致命傷を与えることになる。

金正恩が祖母・金正淑の偶像化運動を進めながら、母の高容姫を偶像化することができないのも、ここに理由がある。

さらに、高容姫は一九七一年に万寿台芸術団に入り、舞踊家として活動した。北朝鮮社会において舞踊家出身は、韓国とは違い、評価が低いという。

高容姫は金正日との間に金正哲、金正恩、金与正の三人の子どもをもうけたが、金正日にはすでに、最初の妻である成恵琳との間に金正男が、二番目の妻である金英淑との間に金雪松［と金春松］がいた。

金日成は成恵琳を金正日の正妻とは認めなかったが、子どもの金正男は金王朝の始祖である金日成の最初の内孫という事実は否定できない。当時、金正男が金正日の後継者になる可能性が最も高いと考えられていた。そうなれば、金正日が脇から延びた〝小枝〟を粛清し、異母きょうだい全員――金聖愛の子である金慶真、金平一、金英一――を海外に追放したように、高容姫の子も彼らと同じ運命をたどるのではないかという不安な気持ちを抱えていたと想像できる。金日成は、金正恩が生まれて何年か過ぎて初めてその存在を知った。はじめは妾の子と見なし会おうとしなかったことも、高容姫の不安に拍車をかけたことだろう。

金英淑は息子を産むことはできなかったが、金正日の四人の女性のなかで唯一、金日成が直接決めて公式に認めた金正日の正妻である。したがって金英淑は、金王朝公認の皇太子妃に相当すると考えられる。娘の金雪松は幼いときから聡明で、金日成が膝に座らせて甘やかすほどであったという。

このような金王朝の雰囲気から察すると、一九九四年七月八日に金日成が死去し、その後、金正日が金王朝の権力を完全に世襲するまで、高容姫は決して安定した情緒でいられなかったと判断できる。

高容姫のように情緒不安定な状態で妊娠すれば、胎児にマイナスの影響を及ぼすようになる。こうした状況で生まれた子どもは成長過程において、金正恩のように偏執症、誇示主義と誇大妄想、復讐幻想、予測不可能な衝動性、低水準の道徳性発達など、さまざまな精神病理的な問題を起こす可能性が高くなる。

二 偏執症

偏執症を抱えた人は猜疑心が強く、周囲の人を信頼しない。確かな根拠もなく、他人が自分を利用しようとする、自分から何かを奪おうとする、自分に危害を加えようとしている、という被害妄想を持つ。したがって、先手を打って相手を攻撃して押さえ、潰しておいてこそ、自分が被害を受けるのを避けることができると考える傾向がある。このような理由で、何も悪いことをしていない人が偏執症の人から予想だにしない攻撃を受けるケースは珍しくない。

偏執症の人は、周囲の人が善意から手助けしてくれても、その善意を疑い、何か別の意図があるはずだという猜疑心を抱き、その助けを断る場合がある。

また、ときに野心的で、エネルギッシュに働くことから、有能だという評価を受ける場合もある。しかし、偏執症の人が実際に他の人より優秀であるというわけではない。周囲の人から良い評価を受けるために、あるいは、抜け目なく完璧に仕事をすることで少しでもケチを付けられないようにという考えでこだわって行動した結果、有能だという評価を受けたにすぎない。

偏執症の一形態に「疑妻症」がある。実際に妻が浮気をしたわけではないのに、夫が妻を信用せず疑う病気である。妻が訪問販売の人と少しの間、商品について意見を交わしただけにもかかわらず、状況を正確に把握せず浮気の証拠ととらえ、自分は妻一筋なのに妻は違う、純潔でないと大騒ぎするケースもある。実際は、偏執症を抱えた夫自身が無意識のうちに不倫願望を持っており、自分の無意識的な望みを妻に投射(Projection)して疑うのである。

似非《えせ》宗教団体でも偏執症様相が見られることが多い。彼らが信じる宗教以外はすべて間違っている、悪いのは自分たちではなくて自分たちを非難する(正統な)宗教団体だ、ということである。自分たちのほうが正義なのに、(正統な)宗教団体から偽物の宗教だと迫害されて悔しいというような、集団的な被害意識を見せたりする。

このように、偏執症の人は他者を信頼することができない。そのため、助けが本当に必要な場合にも、手伝おうとする他者の親切な動機を疑って助けを断わる。自分の力でできるので他人と協働する必要はないと主張する。また、指摘されると自尊心が簡単に傷つくから、助言も受け入れようとしない。偏執症の人は、このような態度を示すことが多い。そして、似非宗教の教祖、独裁者、政治集団の指導者のなかに、偏執症を抱えている人が多いことも知られている。

金正恩の場合はどうだろうか。

北朝鮮にとって最も重要な友好国は中国とロシアである。しかし、権力を継いで以降、金正恩は両国を訪問していない〔二〇一七年一月現在〕。表向きは訪問条件が合わないことが理由だが、もう一つの理由は、金正恩が国内を留守にしているときに反乱が起き、権力の座から逐出されるのではないかという猜疑心、すなわち偏執症のためであると考えられる。

また、先にも説明したように、偏執症があれば、周囲の人に対して強い猜疑心を持ち、自分が被害を被るのではないかという被害意識が生じて、これから脱するために被害に遭う前に相手を潰してしまわなければならないと考え、相手に対し無慈悲な攻撃性を見せるようになる。

金正恩は、労働党の副部長クラス以上及び人民軍所長クラス以上の者を、執権一年目である二〇一二年には三人、二〇一三年には三〇人、二〇一四年には四〇人、二〇一五年には六〇人程度を粛清、排除したと伝えられる。次第に増加する粛清対象者の数を見ると、金正恩の偏執症の症状がますますひどくなる様相を示しているのがわかる。偏執症によって周りの人々を疑い、盗聴などで絶えず監視し、人々の忠誠心を試しているのだ。

金正恩は、義理ではあるが唯一の叔父であった張成沢が自分の権力を略奪するのではないかと疑い、二〇一三年一二月一二日に残酷に処刑した。また、金正恩は自身が主宰する会議で、人民軍序列第二位である玄永哲・人民武力部長が「こくりこくりとまどろんだ」という理由で、裁判手続きも経ずに二〇一五年四月末頃に公開処刑をしたという。金正恩は、「玄永哲はよほど私を無視したいのか。だから、あえて私の前でまどろんでいられるのか」と邪推し、自尊心が傷つけられたため、処刑を実行したと考える。

このように金正恩が周囲を信頼せずに疑うありさまは、後三国時代〔八九二〜九三六年。朝鮮半島の新羅、その後に興った泰封と後百済の併称〕の弓裔《きゅうえい》〔新羅末の武将で泰封の国王になる〕に匹敵する。また、暴力的で即興的な粛清は、朝鮮時代の燕山君《ヨンサングン》〔在位一四九四〜一五〇六年、第一〇代国王〕と光海君《クァンヘグン》〔在位一六〇八〜一六二三年、第一五代国王〕に匹敵する。弓裔、燕山君、そして光海君は金正恩と同様、周囲の人々に対し「いつ私を裏切るかわからない」と強い猜疑心を持った人物、すなわち偏執症に捕らわれていた人物たちである。

太永浩によれば、北朝鮮では地位が上がれば上がるほど、監視網がさらに細かくなるという。日常的に自宅が盗聴されているのはもちろんのこと、海外公館の場合、職員どうし相互監視するために同じアパートに住まわせると明かした。勤務後の自由時間もなく、やむをえず外出する場合には報告が必要で、相互監視のために二人一組で行かなければならない。職員のなかに保衛部員がいるために、家のなかでも自由な会話が難しいという。玄永哲だけでなく、二〇一二年七月に軍部の実力者と知られた李英浩が粛清されたのも、金正恩に対する不満が盗聴されたからだ、と太永浩はいう。

太永浩は亡命直後、北朝鮮当局から「資金横領など、犯罪を犯して逃走した」と批判された。これについて太永浩は、「大使館資金使用を精算した領収証を撮影して持ってきた」と反論し、数十億円を持って韓国に亡命したというのは事実ではないと主張した。金正恩は自分の欠点を太永浩に投射し、悪いのは金正恩自身ではなく、自分と北朝鮮の人民を裏切った太永浩だと思い込んでいると判断できる。

このように、偏執症を患う人々は自分の欠点を他者に投射し、悪いのは自分ではない、むしろ自分はその悪い人間によって不利益を受けている、と被害妄想を抱く。太永浩亡命事件でも、金正恩は、悪いのは太永浩で、自分はよく接してやったのに太永浩に裏切られた、自分は被害者だと考えているはずだ。

金正恩が周囲に強い猜疑心を持ち最高幹部までも盗聴の対象とするのは、偏執症様相がかなり深刻な程度に至っているためと考えられる。

偏執症を患う人々は、他者を猜疑心の目で見、他者が自分にはない何か良いものを持ち得ていると想像をふくらませ、その人に強く嫉妬するケースが多い。

偏執症に由来する嫉妬を持った人々は、他者を嫉むことで自らの心がさらに苦しくなる。そのために、その人を攻撃して破壊しようと試みる、あるいは蔑もうとする。嫉妬を誘発して心を乱される相手が破壊されていなくなれば、以後は心が平静になるからである。また、嫉妬を誘発した相手を卑しめることができればその人の価値が下がり、これ以上、嫉妬を感じる必要がないからである。

金正恩が韓国を攻撃し、破壊して消滅させようと韓国を見下すのは、偏執症に由来する嫉妬のためである。このような嫉妬を持った人は、相手が自分にはない、何か良いものを持っていると想像する。劣等感が、優越的な相手に対し強い怒りと敵対感を表出するきっかけとなっていることが多い。

金正恩は、韓国の経済力と自由な社会的雰囲気を嫉んでいる。特に北朝鮮の劣悪な経済による喪失感と挫折感は、金正恩の嫉妬をさらに悪化させている。このように理不尽な嫉妬により、金正恩は、韓国をさらに蔑み、破壊して消し去ろうという奇異な考えを持っている。

人間は、偏執症やこれに由来する嫉妬と怒り、そして破壊的攻撃性に陥ることなく、建設的で独創的な生を生きなければならない。

フロイト（Sigmund Freud）は、人間には性的本能と攻撃的本能があると言った。言い換えれば、生と死の二つの本能がある、ということである。生の本能に進んでこそ、建設的で独創的な人生になる。死の本能の方向に傾けば、憂鬱と破壊の結果が待っている。つまり、自分自身を破壊すること、自殺である。人間は死の本能を超越し、他者だけでなく自分も愛し、能力を肯定的に発揮して他者にも気配りできるような生を生きなければならない。それでこそ、ユーモアに溢れウィットに富んだ余裕のある精神で、限りある人生を、夢と理想と自信を持って積極的に歩むことができる。このような生を生きることができれば、成熟した人格を身に着け、たとえ死を前にしてもそれを怖がらず、人生の結末を泰然として迎えることができるはずだ。

金正恩の人格がこのように成熟し、二五〇〇余万人の北朝鮮人民が人間らしく暮らせるようになるには、彼が自分の境遇を感謝する気持ちを常に持ち続けている必要がある。人民は餓えても、金正恩の生活は韓国の財閥よりもはるかに贅沢であることが知られている。人民の自由は抑圧されているが、金正恩はその気になれば、国内で不可能なことなどない。わがままのし放題なのが現実だ。

金正恩はまだ殺されてもいないし、権力の座から逐出されてもいない。こういった境遇に感謝の気持ちを抱けば、嫉妬と怒りと破壊的攻撃性が緩和され、その結果、偏執症も緩和されるはずだ。金正恩がこのような道に進んで初めて、北朝鮮の人民は苦しい生活から脱することができる。

偏執症は、自分が持っていない何か良いものを他の人は持っている、という考えを抱かせる。これによって嫉妬心が生じ、それが他人を羨むコンプレックス、すなわち劣等感を形成させる。精神的に健全であればたいてい、劣等感から脱するために建設的で肯定的な努力をする。一方、偏執症を患う人々は劣等感を覆い隠そうと、他者に対し自分を過度に誇示する精神病理的な様相を見せるケースが多い。

三　誇示主義

たいていの人は、統制可能な範囲内で適切な程度の誇示主義的な態度を示す。これが周りの人にある程度認められると、その人は情緒的に安定し、行動の効率性も増す。創意を凝らして社会に大きな貢献をすることもできる。問題は、劣等感から脱するために周りに対しあまりにも誇示主義的な態度を見せる場合である。

まさに金正恩がこのケースだ。

金正恩の祖父である金日成は、日本の植民地時代のことを多少過度に誇張する面があったが、それでも、普天堡戦闘を展開し抗日武装闘争をした経歴は事実である。また、一九五〇年六月二五日に韓国を奇襲的に先制攻撃し、ソウルを占領して洛東江《ナクトンガン》まで軍を進めた。休戦後、廃墟となった北朝鮮をかなりのスピードで復旧させた。

金正恩の父である金正日は、金正恩のように何の努力もせず金王朝を継いだのではない。権力継承の正当性をパルチザン出身の元老に説得し、彼らを味方につけ、継母の金聖愛と叔父の金英柱との権力闘争に勝ち、異母きょうだいを白頭血統の枝葉として海外に追放するなど、後継者の地位をめぐって闘い、手に入れた側面がある。

ところが、金正恩は祖父とも父とも違う。韓国の財閥三世たちが経営権を容易に受け継いで財閥総師の地位に上がるように、あまりにも容易に北朝鮮統治者の地位に就いた。それも、三〇歳にも満たない若い年齢で、北朝鮮という国を丸ごと受け継いだのである。このような状況だから金正恩は、自分の能力を誇示することで、祖父や父に比べても自分は劣っていないことを示したい、という欲望を持ったと見られる。

二〇一二年八月、金正恩は粗末な木造船に乗って西海岸最前方にある茂島《ムド》の人民軍海岸砲砲台を訪問した。北方限界線（ＮＬＬ）からわずか数キロメートルしか離れていない島だ。いとも簡単に権力を継いだというコンプレックスを隠すために、表面的に自信を誇示しようとした無謀な行動にすぎない。

金正恩は茂島で子どもたちを抱き上げ、人民軍兵と腕を組み、科学者を抱きしめ、警護を無視するように多くの人々に取り囲まれ、写真も撮った。父の金正日と違い、新年の辞の放送にも直接、出演する。そのうえ、妻である李雪主の派手なファッションも公開する。この程度の誇示性ならば、金王朝の世襲者として北朝鮮統治にはある程度の助けになりうる。

しかし、金正恩は人民が貧しい暮らしを強いられているという経済事情を考慮せず、元山近隣に来場客も誘致できないような馬息嶺スキー場を造った。平壌には大規模な綾羅人民遊園地を建設し、イルカショーも行っている。執権後は毎年、莫大な費用のかかる花火行事をするなど、何かをずっと誇示しようとしている。

このような誇示性は、国内に限ったことではない。韓国及び全世界に対し、金正恩は自分の存在感を誇示しようとする。金正日は生涯のうちに二度、核実験を実施した。金正恩は執権後、すでに三度も核実験を行っている。全世界に向かって自分の病的な誇示主義をアピールするようなものだ。これに加えて、大陸間弾道ミサイル（ＩＣＢＭ）と潜水艦弾道ミサイル（ＳＬＢＭ）も開発しようと、随時、試験発射している。

金正恩のこのような病的誇示主義は、誇大妄想的な思考が進んでいるためと考えられる。金正恩は、「私が核を搭載した大陸間弾道ミサイルと潜水艦弾道ミサイルを持てば、この世で恐れるものは何もない。韓国はもちろん、アメリカも怖くない。中国が私に触れれば、北京も潰してしまうことができる」というような、荒唐無稽な誇大妄想的思考をしていると判断できる。

金正恩の誇大妄想的な考えは、北朝鮮人民軍にも影響を及ぼしていると考えられる。「自由アジア放送」は二〇一六年九月三日、北朝鮮の貿易業者の言葉を引用し、北朝鮮の核とミサイルはアメリカだけを狙ったものではなく、中国の北京に向かって発射することもできることを一部の人民軍将軍が示唆した、と報じた。このような事実に鑑みれば、金正恩の誇示的態度と関連する誇大妄想的な思考と行動が、どんなに危機的な状況に至っているかを知ることができる。北朝鮮にとって最大の友好国である中国に対する態度がこの程度であるとすれば、金正恩の誇大妄想的な思考によって朝鮮半島がいつ核兵器による危険な状況に晒されるか予測が難しい。

金正恩の誇示主義と誇大妄想的な思考は、北朝鮮人民だけでなく、アメリカに搾取されて独裁に圧迫されている韓国国民を、自分が速やかに救ってやらなければならないというメシア的妄想にも関連していると考えられる。

実際、二〇一七年一月一日に金正恩は、「朝鮮中央テレビ」を通した新年の辞で韓国の「ろうそくデモ」〔当時の朴槿恵《パク・クネ》政権の退陣を要求し、二〇一六年一〇月に始まった。二〇一七年に韓国大統領選を実現〕について次のように話した。「昨年、南朝鮮では大衆的な反政府闘争が激しく起き、反動的統治基盤を根本から揺るがした」「南朝鮮人民闘争史に明確な足跡を刻んだ昨年の全国民抗争は、ファッショ独裁と反人民的政策、事大売国同族対決に没頭してきた保守当局に対する積もりに積もった恨みと怒りの爆発」だ、と。

金正恩の祖父である金日成も朝鮮民族に対するメシア的妄想を持ち、李承晩の圧制から韓国を解放して朝鮮半島を労働党中心に統一しなければならないという名分のもと六・二五事変を起こし、朝鮮半島を残酷な戦地に変えた張本人である。

孫の金正恩も「祖父が果たしえなかった夢を私が成し遂げなければならない」という誇大妄想と関連するメシア的妄想によって、いつでも衝動的に、朝鮮半島を再び戦争の惨禍に追いやる可能性を秘めている。

四　予測不可能な衝動性

二〇一五年五月、金正恩は九日にロシアの第二次世界大戦勝利七〇周年記念行事への参加を翻し、二一日には開城《ケソン》工団を訪問することになっていた潘基文《パン・ギムン》・国連事務総長の訪問許可を突然取り消した。また、同年一二月一二日の午後七時三〇分、モランボン楽団が北京にある中国国家大劇院で公演予定だったが、開演三時間前に理由も明らかにせずに公演を取り消し、楽団員を飛行機で平壌に帰国させた。モランボン楽団と中国の功勲国家合唱団が、大劇院のオペラハウスで中国側主要人物と北朝鮮幹部など約二〇〇〇人を前に公演する予定であった。

この三つの事件は、二〇一五年の一年間に発生したものである。それも北朝鮮にとって最大の友好国である中国とロシア、そして全世界の国家集合体である国際連合の事務総長に対し自分の気持ちだけで、手のひらを返すように既に決まっていた事項を即興的に取り消してしまった。このように、金正恩は相手にとって予測不可能な衝動的決定を頻繁に行っている。

二〇一三年一二月一二日に張成沢を処刑した事件は、誰も予測できない金正恩の衝動的で暴力的な性格によるものであると考える。

また、二〇一六年二月一一日午後五時頃、金正恩は対南機構である祖国平和統一委員会の声明形式で「開城工業地区に入ってきているすべての南側人員を二〇一六年二月一一日午後五時三〇分までに全員追放する」という内容を、韓国側に知らせた。開城工業地区閉鎖という重大な事件を衝動的に決め、追放施行のわずか三〇分前に一方的に通報したのである。

金正恩のこのような衝動的な決定は、常識では理解しがたいだろう。

この他にも、金正恩はある日突然、人民軍将軍の階級を降格させたと思ったら、ほどなくして再び昇進させたりするなど、予測不可能な衝動的行動様相を随時に見せる。その具体的な例は、対南強硬派の金英哲《キム・ヨンチョル》に対する人事である。金英哲は二〇一二年二月に大将に昇進したが、その年の秋に中将に降格。その後、二〇一三年二月に再び大将に昇進したが、二〇一五年四月にはまたしても上将に降格された。金英哲は二〇一〇年の天安艦爆沈と延坪島砲撃、そして二〇一五年の非武装地帯（ＤＭＺ）における「木箱地雷挑発」〔木箱に入った地雷が韓国側のＤＭＺで爆発した事件。韓国国防部は北朝鮮人民軍が軍事境界線に侵入し埋没させたと発表。韓国軍兵士二名が重傷を受けた〕の首謀者として目を付けられていた。その後の金英哲は、二〇一五年一二月二九日に交通事故で死亡した金養建《キム・ヤンゴン》の後を継ぎ、党統一戦線部長に就任したが、二〇一六年七月中旬から約一ヵ月、地方農場で革命化教育を受けたとして知られている。

二〇一六年四月一二日から四月二三日まで平壌を訪問した藤本健二は、金正恩と三時間ほど会う機会があったという。金正恩は藤本に、アメリカと外交的に問題を解決しようとしているのに、アメリカが北朝鮮に言いがかりを付けるからむかついてミサイルを発射した、と言ったようだ。このように金正恩は、自分の気持ちに障れば突き上がる怒りを抑えることができず、腹立ち紛れに相手が予測不可能な衝動的攻撃性を容易に表わす、歪んだ性格の持ち主だと判断される。

金正恩のこのような行動様相を見ると、幼い頃の注意欠陥多動性障害（Attention-Dificit/Hyperactivity Disorder＝ＡＤＨＤ）が今日まで持続しているのではないのかと疑われる。注意欠陥多動性障害は、神経発達症群／神経発達障害群（Neurodevelopmental Disorder）〔以下、神経発達症という〕に分類される精神疾患の一つである。体内の神経伝達物質であるドーパミンとノルエピネフリンの減少が原因と考えられている。辛抱強さに欠ける、じっとしていることができず、エネルギーが溢れるような過活動、思慮深い振る舞いではなく衝動的な行動、後先を考えない即断即決、一つの作業に集中するのが困難、などの症状がある。

注意欠陥多動性障害の人の特徴として、衝動的で、要求がすぐに満たされることを望む。それが受け入れられなければ、怒りを感じて攻撃的な行動様相を見せる。自分が感じる脅威が事実なのか、それとも自分が状況を間違って把握したのかを熟考することなく、その脅威に直ちに反撃する場合にも、よく見られる行動である。

金正恩を見守ってきた藤本と叔母の高容淑によれば、彼は幼い頃、静かにじっとしていることができず、あまりにも活動的だったという。また、母の高容姫の指示にもあまり我慢できなかった、兄の金正哲とゲームをしたときには玩具を投げつけたりしたという。

幼少期の金正恩のこのような行動様相は、注意欠陥多動性障害と一致する所見である。

しかし、「狂人理論（Madman Theory）」の面で見ると、事情が違うようだ。金正恩は気まぐれではなく、実は合理的判断に基づいて北朝鮮を運営しており、冒険を敢行する暴走列車ではない、という説だ。

第四五代アメリカ大統領ドナルド・トランプは、相手に非理性的な態度を見せ、予測不可能な行動することで交渉を有利に導く狂人理論を活用していると知られている。トランプ大統領は意図的に予測不可能な衝動的行動をする、ということである。

このような狂人理論の戦略は、第三七代アメリカ大統領リチャード・ニクソンも使ったことがある。ニクソンは在任時の一九六九年、海外駐屯米軍に核戦争警戒令を発令した。ニクソンが統制できないほど怒り、いつ核爆弾の発射ボタンを押すかわからないという噂も意図的に広めた。ニクソンのこのような行動は、ベトナム戦争において北ベトナム側の「南ベトナム解放戦線（ベトコン）」（南ベトナム政府、アメリカ、帝国主義に対する反政府組織）を軍事的に支援したソ連に脅威を与え、アメリカに有利な交渉を試みようとした戦略であった。

最近、「麻薬との戦争」をしているフィリピンのドゥテルテ大統領も狂人理論を駆使し、アメリカと中国を惑わして自国の利益を得ようとしていると考えられる。

金正恩が意図的に狂人理論を活用している可能性はある。しかし、金正恩の心理の奥底には予測不可能な衝動性や怒りの発作による攻撃性が相当深刻なレベルにあることは、多くの実例を通して、すでに確認されているといえる。

金正恩が瞬時にわき上がる衝動を制御することができず過激な攻撃的行動を見せること、特に癪に障るようなストレスを受けたときにはより一層怒りを感じ、攻撃性が増大する。このような様相は、「間欠性爆発障害（Intermittent Explosive Disorder）」とも関連していると考えられる。

金正恩の即興的性格と残忍な暴力的性向、そして予測不可能な行動は、側近にも「いつ処刑されるかわからない。生き延びるためには常に絶対服従の姿勢を見せなければならない」と恐怖の緊張を醸成する。これは、北朝鮮がこれからも強圧的な統治を続けるためには有効だろう。しかし、問題は金正恩のこのような性質が南北関係に悪影響を及ぼし、朝鮮半島を瞬く間に戦争の危機に追いこむ可能性を秘めていることである。

金正恩の予測不可能な衝動性は、道徳性発達のレベルが低いことの表れである。社会規範や法を遵守しないことに何らの道徳的罪悪感も持たず、自己の利益を追求するために暴力を衝動的に行使し、他者の権利と人格を無惨にも踏みにじる暴力団に象徴される行動様相である。

五　低い段階の道徳性発達

金正恩は幼い頃から望ましくない行動、すなわち道徳性発達に問題のある多くの行動をしてきており、現在も核兵器とミサイルを利用して近隣諸国を威嚇する、非道徳的な行動を常にとっている。

親や周りの人が幼い子どもに「それをしてはだめ」「それは、頑張れば必ずできる」と伝えると、子どもたちは教えられた行動が持つ意味を心のなかに刻みながら成長する。そのため、同じような状況にめぐり合わせとき、子どもは「このような場合はしないほうがよい、そうすれば叱られない」「こうした場合は、したくなくてもやらなければならない。そうすれば誉められる」などと、内面の判断基準によって行動し始める。人間の道徳性の発達はこのような基本的な段階から始まり、さらに高い段階へと向かっていく（張景俊、一九九四）。

人間の道徳性発達理論を提唱したアメリカの心理学社ローレンス・コールバーグ（Lawrence Kohlberg）によれば、道徳性の発達には六段階があるという。

第一段階は「罰と服従への志向」である。言うことを聞かなければ叱られるので従う、という段階である。道徳性の発達がこの水準にすぎない人を、往々にして見ることができる。

第二段階は「道具主義的な相対主義への志向」である。相手が自分を尊重してくれれば自分も相手を尊重し、そうではなければ尊重しない、という段階である。

第一、第二段階は、人間の道徳性発達でいえば低い段階にすぎない。暴力団の構成員でこのような範疇に属している人々をよく見かける。

第三段階は「対人的同調、あるいは〝良い子〟への志向」である。たとえ相手が自分を尊重してくれなくても、自分は相手の意見を尊重し、良い関係を維持しようと行動する。

しかし、利害関係が複雑に絡んだ状況では、相手に対する配慮だけでは問題が解決しない場合も発生する。そのために人間は法律を作り、自縄自縛してきた。法律によって多くの複雑な社会状況のなかで合理的な対処ができる面もあった。

そこで、第四段階は「法と秩序への志向」である。法を遵守するのか、すなわち、多数が従おうと決めた原則をよく守ることができるのか、ということである。もちろんこの場合、多数が決めた方法に従ってみたところ、ある個人に損害が生じる場合も起きうる。しかし、第四段階に到達した人は、「私がもし法を守らなければ、他の誰かも法を守らなくなる。法に従う人が次第にいなくなり、社会は乱れることになるだろう。そうなれば、その被害は結局、私に戻ってくる。多かれ少なかれ私がいま損害を受けることになっても、法を守るのがよい」と考え、行動するようになる。

第五段階は、「社会契約的な法律への志向」である。人間が作った法を社会で適用しようとするとき、時代状況の変化などで法自体に問題が生じる場合もありうる。このとき、大勢で議論し民主的に改正したり、それができない場合は、誤った法よりも自分の良心に従って行動するという段階である。軍事独裁下における「良心の囚人」〔国際人権ＮＧＯのアムネスティ・インターナショナルが提唱する、思想や言論、信仰、人種、性などを理由に囚われている非暴力の人〕がここに属す人々といえる。

第六段階は「普遍的な倫理的原理への志向」だが、到達へのハードルは高い。時代や文化的背景を超越し、その行動や考えは普遍的で、道徳律にまったく反することなく倫理的でなければならないという段階である。マザー・テレサをはじめとした「聖人」と称される、人類の歴史のなかでもごく少数の人々がこの段階に属するといえる。

金正恩は、コールバーグのいう道徳性発達の六段階のうち、第一または第二段階の低レベルの水準に留まっていると考えられる。

金正恩が幼い頃に見せた低い水準の道徳性による行動は、「精神疾患の診断・統計マニュアル第五版（*Diagnostic and Statistical Manual of Mental Disorders, 5th Edition: DSM-5*）」〔アメリカの精神医学会（American Psychiatric Association）が作成。国際的な診断マニュアルとして使われている〕の「反抗挑戦性障害（Oppositional Defiant

Disorder)」〔第五版からは「反抗挑発症」も併記されている〕の所見と一致すると判断できる。

反抗挑戦性障害の行動様相は、すぐに頭に血が上って怒りを抑えるのが難しく、カッとしたりイライラしたりするケースが多い。また、親を含む権威者の要求や規則を無視してその権威を認めようとしない、自分の失敗を認めず他人のせいにする、周りの人々を苦しめるような意地悪を故意に用いるなど、恨みを込めた攻撃的な行動を見せるのが特徴だ。

藤本の『北の後継者キム・ジョンウン』に詳しく描写されている金正恩の幼少期の姿は、反抗挑戦性障害に由来する非道徳的行動である。繰り返しになるが、改めて記しておく。

金正恩が藤本と初めて会ったときのことだ。藤本が握手をしようと金正恩に手を差し出したが、金正恩は動かずに藤本を険悪に睨んだ。このとき金正恩は六歳になったばかりだ。それが、四〇歳の大人である藤本を敵意に満ちた目で睨んだのである。金正恩のこのような敵意の表出と、大人に対する基本的な礼儀の欠如は、反抗挑戦性障害を持った子どもがよく見せる行動様相の一つである。

また、藤本が金正日らと専用船に乗って魚釣りに出かけたときの一件もある。藤本が魚を釣り上げるたびに近付き、「ぼくにくれ」と言って釣り竿を奪った。そして、その釣り竿を掲げて「ぼくが釣った」と叫び喜んだという。金正恩は、このように他人の物を思うままに横取りしたり嘘をついたりするなど、社会常規に違反する非道徳的行為を何らの罪悪感もなしに犯す。

さらに、金正恩が六、七歳のときのことだ。例のオセロゲームに夢中になっていたとき、横にいた金正哲のアドバイスに従ったところ、つい玉を逃してしまった。腹を立てた金正恩は、逃した玉を金正哲の顔に向けて投げつけた。幸いにもケガはなかったが、藤本は金正恩の過激な面を見て驚いたという。金正恩にはこのように辛抱強さに欠ける、他人のせいにして怒りを抑えることができない、衝動調節が働かないなど、攻撃的な行動を容易に犯す。

同様の行動様相は他にもある。金正恩が一四歳の頃のことだ。元山招待所にいた六〇歳の安シンという金日成の元副官（SP）を金正恩が足で小突きながら、藤本に尋ねた。「大元帥様（金日成）は、なぜこのようなちんちくりんを副官（SP）にしたの？」と。このような非礼な態度は、反抗挑戦性障害や行為障害の子どもによく見られる非道徳的行動である。

一二歳の頃のエピソードもある。昼食後すぐに席を立とうとして母の高容姫からしばらく座っているよう注意された。座り直したが、五分ほど過ぎるとすぐに兄の金正哲を引っ張り、バスケットボールをしに外に出てしまった。このような、親や教師などの権威者の正当な要求を無視したり拒絶する行動も、反抗挑戦性障害の子どもたちによく見られる様相である。

幼少期に反抗挑戦性障害のあった子どもは、青少年期に入ると行為障害を、大人になってからは反社会性パーソナリティ障害を患う可能性が高い。

まさしく金正恩も、幼い頃から見せていた低い水準の道徳性発達は、成人し権力を世襲して以降、怒りを自制することができず叔父の張成沢をはじめとした幹部を随時処刑するという、人道に反する行為を続けていることと深い関連があると判断される。

金正恩が見せる低い水準の道徳性発達の原因の一つは、次節で説明するように、金正恩が幼児期の間に乗り越えるべき課題であった葛藤を十分に解決することができず、その結果、良心が十分に形成されなかったからであろう。

六　エディプスコンプレックス

先にも少し触れたが、フロイトの精神分析理論の一つに、人間は種族を保存しようとする性的本能と個体を保存しようとする攻撃的本能を兼ね備えているという、二重本能理論（Dual Instinct Theory）がある。男の子の場合、無意識のうちに母を手に入れようと望み、そのために父に対して強い対抗心を抱くという形で、性的本能と攻撃的本能が表出する。

さらに男の子は、母に対する無意識の近親相姦的欲望と父に対する無意識の殺人願望から、敵対関係となった父によって男性の象徴である性器を切断されるかもしれないという去勢不安症（Castration Anxiety）が生じるという。

殺人に対する無意識的願望、近親相姦的欲望、身体への報復的処罰に対する恐怖は、フロイト理論の中核をなす「エディプスコンプレックス（Oedipus Complex）」理論の、最も中心的な概念である。フロイトは、性的本能と攻撃的本能は人間の生にあって葛藤の根本的原因であると考えた。

母を自分だけのものにしたいという望みと、母を手に入れるために父を殺害したいという望みは、男の子の場合、攻撃の対象になる父に性器を去勢される恐怖、いわば幻想的脅威を持つようになる。女の子はすでに去勢された状態と考え、その脅威は母に捨てられるのではないかという恐怖で表れるとフロイトはいう。

したがって、男の子は三歳頃になれば父と競争して母の愛情を獲得しようとするが、体の大きさを考えてみても父には歯が立たないことを知るようになる。着替えや入浴の際、偶然に姉や妹の性器を見る機会があれば、男の子の状況はもっと深刻になる。父と競争しても、結局は自分も妹や姉のように性器を取られるかもしれないという去勢不安を引き起こす。結局、非常に強い敵に対し男の子が選択できる道は、後退である。やがて男の子は、いくら母が自分を好きでも、眠るときに母の布団に入れるのは父である、という厳然たる現実に直面する。結局、もう少し成長すると男の子は、母と結婚するためには母が愛する父に似るのが最も良い方法だと考えるようになる。

このような過程を経て男の子は次第に男らしく成熟し、エディプス葛藤（Oedipal Conflict）から脱する。しかし、この葛藤を十分に解決することができずこの時期を過ぎてしまうとコンプレックスとして残り、後に神経症の原因になるというのが、フロイトのエディプスコンプレックス理論である。

エディプス葛藤期を経験する男の子に対し、父は柔軟な姿勢を示しつつ、次のようなことを息子に認知させてやらなければならない。すなわち、息子はまだ幼いので自分と競争しても勝つことは難しいが、自分に似るように努力すれば、自分よりさらに立派で強い大人の男になることができ、母のような人と結婚することもできる、ということだ。このような体験を経て、男の子はエディプス葛藤を適切に解決し、父の男らしさを自然に学んでいくことができる。

ところで、子どもとゲームをして遊んでいても絶対に譲歩しない父や、さらには子どもが少しでも弱い姿勢を見せれば、男の子がそのように弱くてどうするのかと面と向かってひどく叱る親もいる。このような場合、男の子はエディプス葛藤を適切に解決することが容易ではない。

幼い頃にそれができないまま青少年期や成人期に入れば、周りの人との関係でエディプス状況が再演され、情緒不安定な状況が長い間持続することになる。

それでは、北朝鮮の統治者である金正恩は、エディプス葛藤を十分に解決しただろうか。結論から言えば、金正恩は母の高容姫が愛した父の金正日と同様、エディプス葛藤を適切に解決したと考えることはできない。

金正日にとって金正男は初子で、長男だった。幼い金正男を食卓に乗せて食事するほど、金正日は金正男にあらゆる愛情を注いだ。

一方、金正恩が生まれたときの状況はどうだったか。金正日には金正男だけでなく、二番目の妻である金英淑との間に金雪松、金春松もいた。母の高容姫との間にも、兄の金正哲がいた。さらに、祖父の金日成は、金正恩が生まれても何年間も、その存在を知らなかったという。

このような複雑な家族関係のなかで、金正日が金正恩に対し適切で十分な関心を持ち、金正恩がエディプス葛藤を十分に解決し、情緒の安定した人間に成長していけるような雰囲気を作るのは難しかったと考えられる。

金正日は幼い頃に父との関係でエディプス葛藤を十分に解決することができなかったとしても、一九七四年に金日成の後継者として正式に決定して以降、金王朝の権力を完全に受け継いだ一九九四年七月八日の金日成の死去まで二〇余年の間、後継者として父の金日成と情緒的な交感を十分に行ったと見ることができる。すなわち、この期間は互いに歳を取るなかで繰り返されるエディプス状況を父とともに経験し、徐々にエディプスコンプレックスから脱する機会になったと考えられる。

一方、金正恩は二〇〇八年夏に金正日が脳卒中で倒れ後継者として内定されてから、二〇一一年一二月一七日に金正日が死亡するまで、後継者の期間は約三年だった。父の金正日と情緒的交感を十分に分かち合うのは難しかったと考えられる。したがって、金正恩が幼い頃にエディプス葛藤を十分に解決することができなかったがゆえに、歳を取りエディプス状況が繰り返されるたびに不適切な反応を示すようになると考える。言い換えれば、エディプスコンプレックスを十分に乗り越えることができなかった金正恩には、父の金正日に対する競争意識と父を殺害しようとする無意識的願望が残っている、ということだ。

金正恩のエディプスコンプレックスの対象である父はすでにこの世に存在しないが、金正日を連想させる人間は金正恩の周りに多く残っている。

金正恩はエディプス葛藤の競争関係にあった父を連想させる人物に対し、彼らが競争関係を放棄して自分に絶対的な服従をしないのであれば、父を殺害したいという無意識の動機によって彼らを粛清するようになったのであろう。

金正日の死から約一〇日後の一二月二八日に告別式が行われた。金正日の遺体を載せた霊柩車の隣には、護衛のために金正恩の他に七人が付き従った。彼らはポスト金正日時代の北朝鮮を導く、最も核心的な人物と思われていた。しかし、金正恩体制が始まるとすぐに、七人のうち、「軍部四人衆」である当時の軍総参謀長の李英浩、人民武力部長の金英徹《キム・ヨンチュン》、人民軍総政治局第一副局長の金正覚《キム・ジョンガク》、保衛部第一副部長の禹東測《ウ・ドンチュク》が粛清された。二〇一三年一二月一二日には叔父の張成沢が処刑された。残った二人の最高人民会議議長の崔泰福《チェ・テボク》と党書記の金己男は八〇歳を超えた高齢であったこと、権力から自然に遠ざかり金正恩に決して脅迫的な存在ではなかったことから、どうにか生きていると判断できる。

このような状況は、金正恩が父との関係でエディプス葛藤が解決されていないことが要因であると考える。金正恩はエディプスコンプレックスを抱えたまま、今後も自分のそれを刺激するような人々には粛清作業を進めるのであろう。

エディプスコンプレックスに起因する粛清作業を避ける道は、服従し、決して競争相手ではないことを金正恩に信じさせることである。そうすることで、なんとか生き延びることができると考える。

党中央委員会副委員長の崔龍海と人民軍総政治局長の黄炳瑞《ファン・ビョンソ》は、金正恩に絶対的に服従することで彼のエディプスコンプレックスを刺激せず、現在も生き延びていると考えることができる。

核実験にしてもそうだ。権力継承後、金正日は生涯で二度、金正恩はまだ約三年半にもかかわらず、すでに三度も実験を行い、核強国だと唱えている。これは、韓国とアメリカはもちろん、全世界に向かって自分の力を誇示し、父の金正日より自分のほうがずっと強い男だということを表明したいという欲望のためである。

他にも、二〇一二年八月中旬に茂島の北朝鮮軍海岸砲台へ随行員五人だけ連れて粗末な木造船で訪問するなどの無謀は、金正日がしなかった行動様相である。金正恩は、父よりもずっと男らしいのだと外部に公表するだけでなく、心のなかに存在する父に自分の力を誇示することで、父との競争に勝ちたいのである。

母の高容姫は万寿台芸術団の舞踊家で、妻の李雪主は銀河水管弦楽団の協演歌手だった。二人とも芸術家出身である。金正恩が李雪主を配偶者に選んだのは、父のように自分も芸術家出身の結婚相手を選択し、父との競争で決して負けないという無意識的願望（Unconscious Wish）のためであると考える。

金正恩は、父の金正日から北朝鮮権力を受け継いだが、エディプスコンプレックスを乗り越えることができなかった。そのため、競争関係にある父に依存したという事実を否定（Deny）しようと努める一方で、エディプス葛藤の対象ではない祖父の金日成と同一化を試みている。

七　金日成と同一化

自己心理学（Self Psychology）を創案したハインツ・コフート（Heinz Kohut）によれば、親は、幼い子どもの情緒の発達において重要な「自己対象（Sselfobject）欲求」（自己対象＝思い通りに自己愛を満たしてくれる外的対象」を満たそうとするものだ。

自己対象の例を挙げれば、子どもにとっての母である。子どもは母を自分の一部分と考える。言い換えれば、子どもは母を自分の欲求を充足させるために機能する対象とであり、母が自分とは別の独立した存在であるとは認識していない。このように、対象が独立した存在であることを子どもがまだ経験していないという意味で、コフートは「自己－対象（Self-object）」からハイフンを取り、「自己対象（Selfobject）」という用語を使った。

コフートによれば、子どもが情緒的に成長していく時期に援助できる有益な自己対象は、良い自己対象とみなすことができる。

金正日と高容姫は、幼い頃の金正恩にとって良い自己対象といえる親であっただろうか。

藤本健二（二〇一〇）によれば、高容姫は当たり障りのない性格だったが周りの人々に対する共感は豊かで、子どもの金正哲と金正恩、金与正には優しいながらも、ときには厳しく接するときもあったという。

藤本の評価が正しければ、高容姫は金正恩にとって良い自己対象の役割を果たしたであろう。しかし、金正日は彼自身の不安定さによって、良い自己対象ではなかったと考えられる。

金正日の至らぬ点を高容姫が補っていたと考えられるが、その補完の程度が十分ではなく、結局、金正恩は奇異な性格を形成していったと考えられる。

コフートは、人間には生まれるときから原初的に「双極自己（Bipolar Self）」という二つの心理的方向性（極）を持っていると主張した。「誇大自己（Grandiose Self）」と「理想化された父母イマーゴ（Idealized Parental Imago）」（イマーゴ＝ラテン語でイメージ、表象を意味する）である。

誇大自己は、幼い頃の子どもが行動や態度を父や母に適切に認められることによって自尊心を育み、その後、成長して向上心（Ambition）を形成することと関連している。

理想化された父母イマーゴは、完全さと安全感を与える理想化された対象と子どもが同一化することに寄与し、その後、成長した子どもは理想（Ideal）を形成することと関連がある。

コフートによれば、誇大自己と理想化された父母イマーゴを通し、向上心と理想を十分に形成した人は創意工夫に優れ共感力が豊かで、人生が有限であることを知って謙遜になり、その結果心に余裕が生じてユーモアに溢れるようになり、生まれつきの自分の能力を発揮して賢く生きていくことができるという。

ところで、金正恩は誇大自己と理想化された父母イマーゴを通し、向上心と理想を適切に形成したのだろうか。

金正恩に見られる全能感〔「自分は何でもできる」という感覚を意味する心理学用語〕と過大主義〔自分を過大評価する態度〕、そして誇示主義的性向は、金正日が金正恩の誇大自己について不適切に応じた結果であると考える。

金正日は金正恩が七歳の頃にベンツを運転させ、六歳の誕生日には将軍の階級章を付けた軍服を着せ、人民軍将軍たちの敬礼を受けさせたという。

親は子どもの要求に対し、過不足のない適切な反応をしなければならない。そうすることで、子どもの情緒や行動は正常に発達していく。

金正日のように度を越えた不適切な反応をすれば、子どもは「この世界で私に不可能なことはない。その気になれば何でもできる」と考えるようになる。そのような子どもは長じて後、現実感のない全能感や精神病理的水準の過大主義、そしてあまりにも誇示主義的な行動をとるようになる。成長過程のこのような背景から、金正恩が核兵器とミサイルで力を誤って誇示し、思うままに人々を処刑することができるという異様な全能感と精神病理的な過大主義を見せるようになったと考える。

筆者は散歩中、自転車に乗った子どもとその父を目にしたことがある。子どもは片手でハンドルを握り、「お父さん、片手だけでも自転車に乗れるよ！」と、意気揚々とした声を張り上げた。それを見た父が「すごい！　大きくなったらオリンピック自転車競技で金メダルだ。ところで、まだ片手運転は危ないよ。しばらくは両手でハンドルを握っていたほうがいい」と言った。父は子どもの誇大自己を適切に受け入れながら、片手での自転車運転はまだ危ないという現実感覚を子どもに持たせるように促した。このようなやり方であれば、子どもは屈辱感や羞恥を感じない。子どもの自尊心を傷つけることなく健全な誇大自己を育て、最終的には向上心を形成していくことができるのだ。

〝親が理想化された自己対象の役割をする〟とは、子どもが父、または母を成長後の理想像とすることを意味する。たとえば、息子が〝大きくなったらお父さんのように強くてかっこいい男になる〟、娘が〝大きくなったらお母さんのように専門職の仕事もして家事もできる能力のある女になる〟というようなケースだ。

子どもたちの心のなかにある理想化された父母イマーゴは、理想化された自己対象に通じる。たいていの場合、子どもたちは父や母から理想化された自己対象を追求し、同一化しようと努力することで、自然に成長していく。

一方、父の失職や母の鬱病が回復しないことなどを経験し、現実の親を理想化するには物足りないこともある。そのようなとき、心のなかで理想化された自己対象――例えば、金寿換《キム・スファン》枢機卿〔韓国のキリスト教カトリックの指導者〕や法頂《ポプチョン》和尚〔韓国の高名な禅僧〕――と同一化しようと努力し、理想を形成していく場合もある。もちろん、世宗《セジョン》大王〔朝鮮半島で最高の聖君といわれる李氏朝鮮第四代国王。ハングルをつくり王道政治を行った〕や李舜臣《イ・スンシン》将軍〔李氏朝鮮の将軍で、文禄・慶長の役で水軍を率いて日本軍と戦った〕のような歴史上の人物も、理想化された自己対象の役割ができる。理想に思う人物と同一化したい欲求を、人間は誰もが持っている。

金正恩は、父よりも祖父の金日成をさらに高く評価して理想化された自己対象と思い、同一化しようと試みていると考える。

金正恩の目には、父の金正日は二〇〇八年の夏に脳卒中で倒れてから左半身が一部麻痺し、二〇一一年の暮れに六九歳で死亡するまでの数年間は糖尿病及び腎臓病と思われる疾患で長期にわたる血液透析を受けるなど、病弱に映った。一方、祖父の金日成は一九九四年七月八日に八二歳で急死する前まで、かなり元気だったと伝えられる。

金日成は失敗したとはいえ、韓国を奇襲攻撃し、六・二五事変を起こして朝鮮半島を武力で統一しようと行動した。六・二五事変以後は、北朝鮮の統治者として韓国に勝る経済力をつけた時期もあった。二〇一六年五月四日付の『労働新聞』が、金日成が統治した一九六〇年代を黄金の時代――「今日、我々世代が父、母にしばしば聞いた六〇年代の話、真実で宝玉のような歳月、豊で実りある黄金の時代だった」――と表現し、「今になってみれば、人民の理想郷は遠くにある夢ではなかった」と、金日成に対する北朝鮮人民の郷愁を刺激するほどである。当時の北朝鮮はソ連と中国の経済的、軍事的支援のもと、年間一〇～二〇％の経済成長率を記録していた。

二〇一六年一二月二〇日付の『朝鮮日報』によれば、その年の八月に韓国に亡命した太永浩の脱北理由は「北朝鮮の金正恩の暴圧的な恐怖統治の下で、奴隷生活をする北朝鮮の惨憺たる現実を認識し、体制に対する幻滅感が大きくなって帰順〔亡命〕決心を固めた」からだという。国会情報委員会関係者によれば、太永浩はさらに、「労働党元老から認定を受けた金正日と違い、金正恩は幼い頃をスイスで送り、北朝鮮に基盤が全くない。そのため自分を過大評価し、金日成を真似るようなことをする」「しかし、金日成とともに撮った写真が一枚もないために、なかなか基盤が固まらない。そのために暴圧政治を行う」という趣旨の発言をしたという。

こうした状況に鑑みると、金正恩は祖父を自分の理想化の対象とし、金日成と同一化することで在日僑胞舞踊家出身の高容姫の息子という〔北朝鮮では〕否定的な出自の正統性を補い、人民に金日成への郷愁を刺激して自分に不足している権威を補おうとしていると考えられる。

このような理由から金正恩は、北朝鮮の権力を継いだ後、祖父・金日成にまず外見から似せようとしている。一方で、父・金正日とは異なり、意図的に公開の席上にしばしば登場し子どもたちを抱き上げるなど人民とのスキンシップを強化したり、金日成を連想させる白馬に乗って登場する姿を演出したりしている。二〇一六年五月、金正恩は金正日時代には一度も開かれなかった労働党大会を三六年ぶりに開催した。開会の辞を読むとき、金日成が使っていたのと同じような角縁眼鏡をかけ、後ろに流したヘアスタイル、腹を突き出した歩き方、両手を背後に組んで歩く立ち振るまい、演台を掴んで報告書を読むなど、見かけだけでも祖父の金日成と同一化しようと試みた。

問題は、金正恩が金日成と同一化する程度が度を越したときのことだ。在韓米軍が撤収し、韓国で北朝鮮同調者の勢力が相当な水準に至ったと誤った判断をして、金日成のように朝鮮半島に致命的な軍事状況を引き起こしうる可能性である。さらに、金正恩の暴力的で残忍、衝動的で予測不可能な性格から、核攻撃のような極端な状況を引き起こす危険性も考えられる。

しかし、金正恩が父の金正日ではなく祖父の金日成と同一化したとしても、金正恩が北朝鮮統治者としては不適切に思える。なぜなら、金正恩が使っている北朝鮮統治者という仮面（ペルソナ）自体が、金正恩に似合わないからである。

八　ペルソナ

金正恩は、北朝鮮の最高統治者というペルソナ、すなわち仮面を付けているが、彼は果たして自分にそれがよく似合っているのか熟考したことがあるのだろうか。

医者になるべき人が軍人になり自分に合わない人生を送るとか、大学教授として尊敬されて立派に生きることができるはずの人が不似合いな政界に飛び込んだものの評価されず、苦労して生きている姿を見ると、残念な気持ちになる。

このような場合、その人は自分に合わないペルソナを付けて生きていることを意味する。他者が見ればすてきな仮面かもしれないが、本人にとっては非常に不便な仮面を付けているわけである。

自分が付けている仮面がよく似合っているか、つまり、心から願う生き方をしているのかどうか、私たちは常に考えてみる必要がある。偽りの生ではなく真実の生を生きてこそ、人生を虚しく憂鬱なものではなく、活気を持ち独創的に、そして肯定的に生きていくことができる。

問題は、真実の生を生きようとすれば、自分にぴったりのペルソナ、すなわち仮面を付けなければならないことだ。

元ソウル大学医学部精神科主任教授であり、分析心理学者である李符永《イ・ブヨン》教授は『分析心理学』（二〇一一）でペルソナについて、次のように述べている。

「ペルソナ（Persona）」とは古代ギリシアの演劇で俳優が使った仮面をいう。我が国〔韓国〕で仮面劇を踊るときに使う仮面のように、ある人が年寄りの仮面を付ければ年寄りの役割を演じ、王の仮面を付ければ王を演じるように、集団のなかで人間はいくつかの仮面を使って生きていく。

〝お面〟や〝仮面〟という言葉に対し、道徳的な偽善を真っ先に連想する人は多いだろう。しかし、決してそんな意味を内包しているのではないという。だが、仮面が仮面を付けた人の個性ではないのと同様に、ペルソナも真実ではなく、仮想という意味も含まれる。それは、しばしば〝個性〟と勘違いしやすい仮面である。人々は〝私の考え〟〝私の信頼〟〝私の価値観〟〝私のこと〟という言い方をよくするが、詳細に検討すれば、それは決して〝私自身〟の考えではなく、他人――親や教師、友だちなど――の考えであることがわかる。すなわち、集団に注入された考えや価値観であるにもかかわらず、まるで自ら編み出した考えのように信じている、ということである。

ペルソナは、私が真の私としてあるのではなく、他の人々に見える私をさらに大きくとらえるという特徴を持っている。ペルソナは真の自分とは違う。ペルソナに即した態度とは、周りの人々の一般的な期待に合わせる態度のことである。その態度は、環境と私との作用－反作用の経験を通して形成される。環境と個人の相互作用でペルソナが形成されるという意味で、李符永教授は前記のように言及したと考えられる。

ペルソナに相当する我が国〔韓国〕の言葉を挙げれば、「体面、顔、面」などである。大人の体面、夫の体面、教育者の体面、大統領の体面など、体面とはすべて、ある社会集団がその集団に属する特殊な成員に対し繰り返し要求する行動上の一定の規範であり、制服と同じようなものだ、と李符永教授は述べる。体面を「使命、本分、役割、道理」などの言葉に替えても同じ説明が成立する。医者の使命、学生の本分、主婦の役割、息子になった道理などの使い方からわかるように、一個人の生きる道を提示するよりも、医者、学生、主婦、息子というそれぞれの立場によって、集団上あるいは職業上守らなければならない規範をいうのである、と。

韓国は特にペルソナが強調される社会であり、良かれ悪かれ、個人がそれと同一化するように強要する、あるいは、いつの間にか同一化され個性的なことをきれいに忘れてしまう傾向があるという。親、伴侶、子ども、出身地、出身大学、現在の地位、博士か否か——などが、ひとりの人間の個性と能力を判断するときに大きな比重を占めるのが韓国社会である。

また、集団規範を逸脱して少しでも個性を発揮しようとすれば、即刻これを危険視し、息子になった道理、友人の義理などを並べ立て、集団からの離脱は利己的、独善的、非人間的、非人情的だと糾弾する。こうすることで社会規範の瓦解を防ぎ、個人が一定のフレームから脱するのを妨げる。ペルソナが民主主義社会より教条主義社会や権威主義社会でさらに重要視されていることは、言うまでもない。集団と関係を維持する間、自我は徐々に、自覚することなく集団精神に同化され、それが自分の真の個性であると勘違いする場合があるという。〝自我がペルソナと同一化されている〟と言われるゆえんである。こうなれば、人は集団が要求する役割に忠実に従い、集団が正しいと認めた規範はすべて守るようになるという。

ペルソナと同一化がひどくなれば、自我は、個人の内的な精神世界は、失われてしまう。換言すれば、自分自身の面倒を見ることができなくなり、その存在までも忘れるようになる、ということである。結婚以来三〇年間、まじめに家事を切り盛りしてきた主婦が夫の浮気を見つけた。ヒステリー性発作を起こした彼女が、面会の際にこう尋ねた。

「私は教会の牧師がしろと言った通り、善行をしてきました。誰に対しても親切にして、すべての人が私を好きでした。ところが、悪い振る舞いをした夫は図々しく歩き回り、私はなぜこのような病気に罹って入院しなければならないのですか」

彼女の言葉は正しい。彼女が模範的な主婦であり、良い母であったことは間違いない。しかし、彼女は集団社会に重きを置き、彼女自身の心を疎かにした。母として、妻として、市民としてのペルソナに自我を完全に一致させて暮らしてきたのである。家族関係のなかで生じた病気は彼女に、彼女自身の自我を探すよう、促したのである。

ペルソナとの同一化が個性を活かすのに妨げとなるだけでなく、人格の解離まで招くのであれば、ペルソナなどなくしたほうがよいのか。そうではない、と李符永教授は言う。ペルソナを分析すれば、自我として意識していたものが他人の影響によって形成されたとわかるようになるという。ところが、ペルソナを一度も、十分に形成することなく育った人は、外界との関係でほとんど喪失状態に陥るようになる。そうなると、無意識的な多くの衝動に捕われ、他者や社会について何ら考慮することなく、自分の気持ちに従って行動する頑固で無慈悲な人格を表わすという。

燕山君のような存在は、王のペルソナを取り揃えることができなかった人である。ペルソナの喪失は、ときに個人に道徳的な混乱を生じさせる。文化変動による価値観の混乱もその一例と言えるという。

ペルソナは仮想である。しかし、それはなくすものではなく、区別するべきものであろう。ペルソナは自我の最終的な目標ではないとの自覚は、ペルソナが社会生活で必要な手段であり、そこに絶対的な重要性を付与しないことを認識するという意味である、と李符永教授は言う。ペルソナ自体が悪いのではなく、ペルソナとの盲目的な同一化が問題になるのだ、と。社会的役割、義務、道徳規範、しつけ――こうしたものをなくさなければならないのではなく、それらを盲信してはならない。以上が、李符永教授の説明である。

北朝鮮の最高統治者というペルソナが金正恩に調和し、よく似合っているならば、彼が叔父の張成沢を処刑し、多くの幹部を粛清して高官らが脱北する事態など発生しなかったはずだ。金正恩は、特に権力を継承して以降、過度の飲酒行為が国内外でしばしば報道されている。このような酒の飲み方は北朝鮮の最高統治者というペルソナに相応しくないことを金正恩自身がひそかに認識し、それによって過度なストレスを受け、そのストレスから解放されたくてさらに暴飲していると言えよう。

北朝鮮統治者としてのペルソナが十分に形成されていない金正恩は、一貫性のある安定した統治者としての姿を見せにくいと判断できる。金正恩の筋の通らない行動様相は二〇一六年一二月一四日、『東京新聞』（日本）をもとにした『朝鮮日報』の次のような報道から、その実際がわかる。

『東京新聞』によれば、二〇一六年九月末、酔っ払った金正恩が別荘に軍元老を召集したという。北朝鮮関係者の言葉を引用した記事では、金正恩は「お前たちが軍事衛星一つ造ることができなかったことは、反逆罪のような罪」と大声を上げ、反省文を書かせたという。

翌朝、軍元老が一晩かけて作成した反省文を持ち、直立不動の姿勢で待っていた。眠りから覚めた金正恩は、昨晩に何があったのか覚えていなかったという。金正恩は、「なぜ集まっているのですか。皆、齢なのだから、健康にさらに気を使ってください」と言ったという。泣きわめいた軍元老を見て金正恩は、自分の温情に軍元老が感銘を受けたと思い満足気な表情をしたという。北朝鮮関係者は、「粛清を恐れていた軍元老たちは緊張が解け、泣き始めたようである」と伝えた。『東京新聞』は、「父が急死して二七歳で権力を継承した金正恩は、政治経験がない」「父の側を守った忠臣と元老に対する劣等感を持っていると見られる」と分析した。

金正恩は、北朝鮮最高統治者のペルソナが不似合いである事実を認識し、退陣も含めて対策を用意しなければならない。そうでなければ、今よりもさらに深刻な精神病理状態に至り、結局、自己凝集力（Self

Cohesiveness）が崩れ、自己瓦解感（Self Disintegration）によって精神的に荒廃することになるだろう。

　このような状況が発生すれば、金正恩自身が不幸になるのは当然とはいえ、核兵器使用を含んだ極端な方法を選び、朝鮮半島だけでなく近隣諸国も致命的な損傷を被ると考える。

　北朝鮮の統治者というペルソナが金正恩に相応しいのであれば、金正恩は周囲の人々に十分に共感し、立派なリーダーシップを発揮しているはずである。ところが、実際はその反対だ。

九　共感とリーダーシップ

　優れたリーダーシップを発揮するためには、共感力が高くなければならない。共感力が高いとは、相手の立場に立ち、相手の感じ方や考え方をよく理解しているという意味である。

　金正恩は幼い頃から周りの人に親分気質を発揮して感動を与える人物だったと、彼のリーダーシップについて肯定的な評価をした人がいる。藤本健二だ。

　金正恩は果たして藤本の評価の通り、優れたリーダーシップを備えた人物だろうか。

　藤本（二〇〇三）によれば、金正恩が一六歳のときの二〇〇〇年七月、金正日一家とともに白頭山に登った。山頂は霧が濃く垂れ込めていた。金正恩が藤本に「あちらに行こう」と誘い、付いて行くと、金正恩が不意に一緒に小便をしようと言った。霧のなかで藤本は金正恩と並んで小便をした。藤本が「もしかして私のもの、見なかったのですか」と尋ねると、金正恩は「見えなかった」と答えたという。このような金正恩の心遣いに、藤本は感動したという。

金正恩は当時、藤本の立場を考えてこのような行動をしたのだろうか。もしそうであれば、あえて藤本に不便を与えるような行為（小便に誘う）などしなかったはずだ。金正恩は霧の深い山に一人で入って行くのが怖かっただけだろう。「見えなかった」という金正恩の返事も、実際に見えなかっただけで、藤本がきまり悪く感じることを考えてそう答えたわけではないだろう。

日付は明らかにしていないが、藤本（二〇〇三、二〇一〇）が妙香山招待所に滞在していたときのことだ。金正日が、側近と何日間か外出するが、藤本は招待所に残って金正恩と遊んでやれと指示をした。それから三日ほど過ぎた食事時、ビールに酔った藤本はこの事実を思わず金正恩に喋ったという。それから数日が過ぎたある日の夜、部屋で休んでいるとき、誰かが藤本の部屋をノックした。ドアを開けると、金正恩が両方のズボンのポケットから「ハイネケン」を二本取り出し、「飲め」と突き出したという。一人で招待所を守っていた藤本は、金正恩の温かい心遣いがとてもありがたく、涙が出るほどに感激したという。

しかし筆者は、この状況は一人でいる藤本の心情を考慮した金正恩の共感によるものではないと考える。藤本は著書のなかで常に、金正恩を「王子」と表現している。金正恩が「王子」ならば、藤本は遊び担当の「侍従」にすぎない。つまり、金正恩が侍従の藤本に対し、「北朝鮮の領土に一人でいる惨めな日本人にこの程度のことは施さなくてはならない。お前に王子付き役を申し付けよう」という意味を持っていたにすぎない。

藤本は『北朝鮮の後継者キム・ジョンウン』で「随所に見せたリーダーシップ」という小見出し以下、次のように金正恩のリーダーシップについて肯定的な評価をしている。［以下、要約して紹介する］

金正恩は、一〇代半ばになるとすぐに、遊びをするときもリーダーシップを申し分なく発揮するようになった。ジェットスキーが引くバナナボートに五、六人が乗り、順番に海に飛び込む遊びをするときも金正恩は真っ先に飛び込んだ。他人と一緒に何かをするときは、常に自分が先頭に立っていた。

続けて藤本は、兄の金正哲とのリーダーシップの違いに言及する。

金正恩チームと金正哲チームに分かれてバスケットボールの試合をすることがあった。金正恩は試合後、必ずチームの反省会を開いたという。すばらしいプレイを披露した選手には拍手で誉め、ミスをした選手には悪かった点を具体的に指摘してひどく叱ったという。金正恩は後で藤本に、自分が手酷く叱咤したメンバーについて「私は先ほどあのように手酷く注意をしたが、大丈夫だろうか。また上手にできるだろうか」と尋ねた。

金正恩のこのような態度を見た藤本は、金正恩は腹を立てるときもそれなりに計算をしていることがわかった。弟と違い、金正哲は試合が終われば「お疲れさん、解散！」と言って、まっすぐに帰った。

金正恩が兄よりリーダーシップがある、という藤本の見解には同意する。しかし、金正恩のリーダーシップの内容に対する藤本の解釈について、全面的に賛同することは難しい——これが筆者の考えである。リーダーシップがあったから金正恩は先に水に飛び込んだのではなく、反動形成（Reaction Formation）のためであると考える。反動形成とは、心のなかに深く根付いている恐れが意識や行動として表出しないよう、むしろ恐れを起こす対象に没頭することをいう。たとえば、女性に近付けば断られて心に傷を受けるのではないかと強く恐れている男性が、そのような恐れを認めまいと、絶えず多くの女性との関係に没入する場合である。金正恩は、一番に水に飛び込むのは怖いが、反動形成により勇敢なふりをしようとした可能性が高いと考える。また、「むちも早く打たれるほうがよい（どうせ免れないことならば、早くすませるのがよい）」という［韓国の］ことわざと同じで、どのみち飛び込まなければならないのなら、先に飛び込んだほうが後々まで不安な気持ちで待つより気楽だと考えたのかもしれない。

また、バスケットボールの試合での行動様相は、リーダーシップというよりは、兄弟間のライバル心の問題（Sibling Rivalry Problem）と思われる。金正恩が生まれたとき、すでに異母兄の金正男、異母姉の金雪松［と金春松］、実兄の金正哲がいた。五年後には妹の金与正が生まれた。金正恩が両親から愛情と関心を注がれるためには、まず実の兄妹をなんとかしなければならない状況だった。金正哲は、異母兄姉を除けば、金正日と高容姫の間に生まれた最初の息子であるために、当然のこととして二人の関心を受けることができる。金与正は、二人の間に生まれた初めての娘で、かつ末っ子である。たいていの親は、末っ子が少々問題を起こしても「末っ子だから」という理由でかわいがる。兄と妹の間に挟まれた金正恩の立場では、彼らを牽制しがたかったと考えられる。

さらに、一三歳年上の異母兄・金正男がいる。金正男は、金正日の最初の妻である成恵琳が産み、金王朝のなかで王位継承序列第一位に相当する。また、異母姉の金雪松は、金日成が正妻として直接決めた金英淑の子どもなので、金正恩が甘く見れる相手ではない。

このような状況のなかで、金正恩が金正日から金王朝の継承者として認められるには、まず実兄の金正哲との競争で優位に立たなければならないという現実を、当然のこととして認識していただろう。つまり、バスケットボールの試合で見せた金正恩の態度はリーダーシップがあったからではなく、隠されていた金正恩の一方的な、熾烈な兄弟間のライバル心が表出したにすぎないと考えられる。さらに、二〇〇九年四月初めの金正男に対する牛岩角急襲事件も、金正恩の度を越えた兄弟間のライバル心によって起きたと考えられる。金正恩が優れた共感力を土台にして好ましいリーダーシップを備えた指導者ならば、人民が貧困に喘いでいる経済状況にもかかわらず、馬食嶺スキー場や綾羅人民遊園地のようなテーマパークを造り、自分の趣味でアメリカNBA歴史上最高のリバウンダー――最低の悪童でもあった――デニス・ロッドマンを招待して豪華パーティーなどしなかったはずである。

真のリーダーシップとは、引き受けた任務を遂行するなかで自然とにじみ出てくるものである。金正恩のように〝強いリーダーシップを持った指導者〟を見せつけるために、常に周りの人を処刑して恐怖の雰囲気を醸成し、絶対的な服従を強要するような人間に真のリーダーシップがあるとは、口が裂けても言うことはできない。

『朝鮮日報』（二〇一六年九月一四日付）によれば、「朝鮮中央放送」は、「八月二九日から九月二日の間、咸境北道北部を荒した台風による大水（洪水）被害は、解放後初めてになる大災難だった」「死亡者と行方不明者を含んだ人命被害は数百人に達し、六万八九〇〇名が寒地に追い出された」という事実を報道したという。二〇一六年九月一三日、「自由アジア放送」は、二〇一六年九月一日から両江道と咸境北道国境沿線で非常に強い携帯電話妨害電波が発信されていることが確認された、実はこの水害事故による人命被害は天災ではなく、人災のためであると報道し、次のように続けた。事故が発生したのは二〇一六年八月三〇日夕方のわずか三、四時間。ほんの数時間でこのように多くの人命被害が発生した理由は、水をいっぱいに満たしておいた貯水池の水門を住民に知らせないまま、一斉に開放したためである、と。

まっとうな国家指導者ならば、災害が発生したときにはすぐに現場に飛び、住民を慰め、復旧を約束するのが常識的な行動だが、金正恩は水害現場さえ訪問しなかった。

このように天災ではなく、人災によって史上最大の水害を経験した金正恩だが、人民の水害被害は度外視して、北朝鮮の国家創建日である九月九日に合わせて五回目の核実験を強行した。これに加え、金正恩は洪水被害の状況が外部に知られることを憚り、携帯電話妨害電波を随時放っているとすれば、優れたリーダーシップを備えた指導者ならば決してしない行動をとっていることになる。

結論をいえば金正恩は、共感力に欠け、優れたリーダーシップも見出すことができない、殺伐とした恐怖政治を行っている強圧的独裁者にすぎない。絶対的に服従しなければ、高級官僚さえ常に処刑している。恐怖の雰囲気を醸成して圧政政治をする独裁者で、優れたリーダーシップを備えていると評価された人物など、歴史上存在しないだろう。

叔父の張成沢を処刑したことも含め、金正恩は権力を継承して以後、常識ではとても理解しがたい多くの行動様相を見せている。筆者は、金正恩のこのような奇怪な行動様相は、境界性パーソナリティ障害と深く関係していると考える。

一〇　境界性パーソナリティ障害

『朝鮮日報』（二〇一六年五月二八日付）の報道によれば、「金正恩が正常な人として成長するのは不可能だった」と、叔母の高容淑が『ワシントンポスト』との二〇時間にわたるインタビューのなかで明らかにしたという。高容淑夫妻は一九九八年、「金正日政権の秘密を知り過ぎ、怖くなった」という理由でアメリカに亡命し、情報機関の保護を受けていたと伝えられる。

高容淑は、金正恩は彼女の息子と同じ一九八四年生まれで、幼いときから一緒に遊んでいたと証言した。金正恩のおむつを取り替えることもあった。インタビュー中、高容淑は金正恩を「将軍様」と呼んだ。そして、「六歳の誕生日のとき、星で飾られた軍服を着て将軍様の足下に跪き、忠誠の誓約をした」「周囲の大人から担がれて幼い頃を送った子どもが、正常に大きくなるのは不可能だった」と述べた。高容淑は、「金正恩は幼い頃、厄介な子ではなかったが気性が激しく、火のような性質だった」「勉強をせず母から叱られると、口答えをする代わりに断食のような方法で反抗していた」と回想したという。

これまで見てきたことだけでなく、高容淑のインタビュー内容を見ただけでも、金正恩が正常な性格を備えた人ではないことは明らかだろう。

それでは、金正恩の非正常的な性格は、どのようなパーソナリティ障害に符合するだろうか。筆者は「境界性パーソナリティ障害（Borderline Personality Disorder）」と考える。

この特性を叙述的に描いてみよう。対人関係においてAは、度を越えた期待によってBを理想化し、A自身の肝臓でさえ切り離して与えたいくらいに親しく振る舞っていた。しかし、ある日突然、Aの態度が変わる。AはBに冷たく接するようになった。

BはAに対し、常に変わらない行動をとってきたので、AがなぜBに対する態度を変えたのか、理解できない。このような状況下でBがAに理由を問うと、AはBが変人扱いしたと怒り、Bは被害を被りやすい。Aの行動は予測が難しく、衝動的で攻撃的であり、爆発的である。

このように、境界性パーソナリティ障害を抱えた人の気持ちは変化が激しく、落ち着いた状態から憂鬱に、あるいは反対に浮き足立った状態へと、常に変化する。主体性が十分に形成されていない。周りに対し自分を誇示する行動をとるときもある。自分の存在について不安を感じ、孤独や怒りに満ちているときもある。深く没頭することもできる。一人で全部できるという全能な態度を見せるときもあれば、急に態度を変え、依存的な様相を見せたりする。このような変化に富んだ行動と感情によって、周りの人々が境界性パーソナリティ障害の人とうまく付き合うのは簡単なことではない。

境界性パーソナリティ障害に対する診断を明確にするため、アメリカ精神医学会は『ＤＳＭ－５――精神疾患の診断・統計マニュアル』に次のように具体的な診断基準を提示した（クォン・ジュンス、二〇一五）。

対人関係、自己像（Self-Image）、感情（Afects）の不安定及び著しい衝動性の広範囲な様相で成人期初期に始まり、さまざまな状況で明らかになる。次のなかから五種（または、それ以上）を満たす。

1　現実あるいは想像の中で見捨てられることを避けるために切実に努力する（注意：5の自殺または自傷行為は含まない）。

2　過大理想化と過小評価の両極端を揺れ動くことを特徴とする、不安定で激しい対人関係様相。

3　同一性障害（Identity Disturbance）：顕著で持続的な不安定な自己像または自己観。

4　自己を損傷する可能性がある衝動性が少なくとも二つの領域で表れる。たとえば、消費・性行為・物質濫用・無謀な運転・暴食のような領域（注意：5にある自殺または自害行動は含まない）。

5　自殺行為、そぶり、脅し、または自害行動の繰り返し。

6　顕著な気持ちの反応性による感情不安定性。たとえば、通常は数時間持続するが、何日も持続するのは稀な、強い気分変調、いらいら、不安など（Episodic Dysphoria）。

7　慢性的な空虚感。

8　不適切で激しい怒り（Anger）、または怒りを制御する際の困難。たとえば、しばしば癇癪を起こす、常に腹を立てている、取っ組み合いの喧嘩の繰り返し、である。

9　一過性のストレス関連性の被害妄想（Paranoid Ideation）、または重篤な解離性（Dissociative）症状。

このようなDSM－5の境界性パーソナリティ障害の診断基準をもとに、金正恩を順次見ていくと、次の通りである。

見捨てられる不安感

二〇〇四年八月一三日、母の高容姫が乳がんで死亡した。金正恩が二〇歳のときだった。二〇一一年一二月一七日、二七歳のときに父の金正日も死去。金正恩は三〇歳にも満たない年齢で金日成と金正日を継ぎ、金王朝三代目として王座に上がった。

金正恩から見れば、北朝鮮を統治するには十分に準備が整っていないにもかかわらず、両親は未熟な自分を捨ててこの世を去ったと思ったはずである。そして金正恩は、北朝鮮統治を手助けしてくれる叔父の張成沢も自分を見捨て、権力を奪取しようとしていると疑い、二〇一三年一二月一二日に彼を処刑した。

一三歳上の異母兄・金正男もいたが、助けになるというより、周辺からいつ担ぎだされ、脅かす存在になるかもしれない。不安を与えるだけの存在である。三歳上の実兄・金正哲は音楽と女性に関心があるだけで、金正恩が権力を維持するうえで役に立たない。そのような中で助けを求めることができる血縁は、一〇歳上の異母姉・金雪松と五歳下の実妹・金与正ぐらいである。

金正恩は見捨てられないために、言い換えれば、裏切られないために盗聴までして周囲を絶えず監視する。もし自分が見捨てられる可能性があれば、すなわち裏切られる兆しを見つければ、先に相手を攻撃する。このような理由で金正恩は、周りの人々の粛清を敢行している。

粛正が終われば、「これで、私を見捨て裏切る人間はしばらく出てこないだろう」と安堵するが、再び同じような状況が発生すれば、粛清作業を再開する……この繰り返しである。

金正恩は、表面的には中国に対し強硬な政策を展開しているように見えるが、実は中国から見捨てられ、韓国とアメリカから攻撃されるのではないかという不安な状態にあると考える。

過大理想化と過小評価について

金英哲は、二〇一〇年の天安艦爆沈と延坪島砲撃、二〇一五年の非武装地帯（DMZ）木箱地雷挑発の首謀者として目を付けられている対南タカ派である。金正恩は彼を、二〇一二年に人民軍大将に昇進させた。しかし、その年の秋には二階級下の中将に降格。二〇一三年二月に再び大将の階級章を付与したが、二〇一五年四月には一階級下の上将にまたしても降格させた。金英哲は二〇一五年末に交通事故で死亡した党統一戦線部長である金養建の後任として再任されたが、二〇一六年七月中旬から約一ヵ月の間、地方農場で革命化教育を受けたという。

このように、金正恩は側近を〝忠臣のなかの忠臣〟と過大に理想化してほめそやしていたのが、手のひらを返すように「その人間は、私に不忠をして人民の期待を忘れた」と過小評価することがある。金英哲のように降格させたり革命化教育に送り込んだり、さらには人民武力部長の玄永哲のように処刑したりする。

私たちの周りにも、ある大統領をあまりにも過大理想化し、似非宗教の教主を奉るがごとく称賛と賛美を送っていたと思ったら、ある日突然、その大統領を過小評価し、「私をこのような目に遭わせるためだったのか」と考え、「すぐに大統領の地位から引きずり下さなければならない」と両極端を行き交う一部の政治家がいる。彼らが明確な境界性パーソナリティ障害を持っているとは言えないとしても、少なくともそのような性向はあると筆者は思う。

同一性障害について

前述したように、金正恩にとって北朝鮮の最高統治者というペルソナが心地よく感じられたら、改革開放政策によって人民の生活の質を向上させたはずであろう。また、側近を粛清することもなかったはずだ。

金正恩にはそのペルソナが似合わないから、彼自身のアイデンティティに混乱を来たし、暴飲暴食や、つじつまの合わない言動など、周囲の人には予測不可能な行動を常に見せていると考える。

自己を損傷する可能性がある領域（消費、性行為、物質濫用、無謀な運転、暴食など）について

北朝鮮の人民は餓えているのに、金正恩は大いに無駄な消費行為に耽溺している。二〇一〇年一〇月の党創建六五周年記念式には、スイスの「パテック・フィリップ」製と思われる腕時計を着けていた。価格は一億ウォン〔約一〇〇〇万円〕ほどだという。二〇一二年八月には、李雪主とともにスイスの名品ブランドである「モバド」の時計を揃いで着けて現れた。また、娘・金主愛が生まれたのがきっかけだったのだろう、三〇〇万ウォン〔約三〇万円〕を超えるスイスの「メデラ」社の母乳搾乳機を含む、ヨーロッパでも最高級の出産・育児用品に約二億ウォン〔約二〇〇〇万円〕を使ったという。スイスからは他にも輸入しており、たとえばエメンタールチーズに舌鼓を打ち、ハンドメイドのスキー用具を身に着けて遊んでいるという。金正恩は人民が餓えている現実に構わず、目に余る過剰な消費をしている。

物質濫用と関連し、金正恩はタバコを吸いたいという衝動を抑えることができず、禁煙に失敗したと伝えられている。二〇一六年四月に平壌を訪問した藤本健二に「何日か前にボルドーワインを一〇本飲んだら、胃の状態が少し悪くなったようだ」と言ったことから考えると、金正恩は情緒不安定で、夜明けまで暴飲するという噂も当たっているのだろう。

このとき、金正恩は藤本が泊っている平壌の高麗ホテルまで、自らベンツを運転していったという。助手席には党中央秘書室副部長の金昌善《キム・チャンソン》が座っていたそうだ。もちろん、七歳の頃からベンツを運転していたほどだから驚くに値しないが、北朝鮮の最高統治者に対する警護と安全問題を考慮すると、無謀な行動であるといえる。

金正恩の体重は、二〇一二年には約九〇キログラムだったが、最近では一三〇キログラムと推測される。身長が一七一センチメートルで三二歳ということを考慮すれば、体格指数（ＢＭＩ）〔体重と身長の関係から計算された肥満度〕は正常値二〇以上、二五未満の範囲をはるかに超え、四四以上だ〔韓国の判定基準。日本では一八・五以上、二五未満〕。超高度肥満に相当するが、暴食が原因と考えられる。暴食の原因は、太っていた金日成を真似ているのと、ストレスが原因と考えられる。

自殺行為、そぶり、脅し、または自害行動の繰り返しについて

金正恩は執権以後、すでに三回の核実験を敢行した。大陸間弾道ミサイルと潜水艦発射弾道ミサイル開発にも執着し、韓国とアメリカを威嚇している。

金正恩の考えの一つに、心中があると思われる。すなわち、もし韓国とアメリカが軍事的行動をとって瀬戸際に追いやられ、脱出の糸口がないと考えたとき、核爆弾を使った共倒れの道を選ぶのだ。核兵器で韓国とアメリカを直接攻撃することはないかもしれないが、すでに製造された核爆弾を含んだすべての核と、関連する物質及び施設を地上で爆発させる。そうすれば、朝鮮半島はもちろん、日本と中国の相当部分が核物質汚染地帯に変わる――このような目に遭いたくなければ自分に関わるな、という脅迫である。こうした行動様相は、暴力団が使う自害による脅迫と恐喝と同じ、低級なレベルと考える。

臨床診療で境界性パーソナリティ障害者と面会してみれば、実際に自殺を確実に成し遂げなければならないと考えているケースはあまり多くない。むしろ、自殺しようとするそぶりで周りを脅かして願うものを得たり、周囲の関心を得ようとする場合が多い。そのため、手首を深く切れば死んでしまうので、死なない程度に薄く手首をナイフで擦るとか、多量に服用すれば死ぬのがわかっているから、死なない程度の量の睡眠薬を飲む、というケースが大部分である。境界線パーソナリティ障害の金正恩も、先制的に核爆弾を使うような自殺行為はしないだろうと考えられる。

しかし、ときには誤って手首をとても深く切ってしまったり、睡眠薬を多量に服用したりして、本来の意図にかかわらず死んでしまう境界線性パーソナリティ障害の人もいるのは事実だ。あるいは金正恩の場合、核爆弾で自害するという〝ショー〟を、関係者が誤って認識するかもしれない。金正恩の本来意図していた目的とは異なり、関係者が地上で核爆発を起こし、朝鮮半島を核による惨事に陥れることもありうる。

金正恩の作戦の一つは、実際に自殺する意図がまったくないのに、核兵器を利用して韓国とアメリカ、そして日本に心中の脅威を与えることだと考える。

気持ちの顕著な反応性による情動（Affect）の不安定性について

二〇一六年七月二五日、北朝鮮の科学技術担当副首相の金勇進が銃殺された。二〇一六年五月の第七次党大会で金正恩の演説中に眼鏡を拭いていたこと、同年六月二九日の最高人民会議では座る姿勢が悪く不遜だという理由で〔保衛部の〕調査を受けた後、反党・反革命分子との烙印を押され、銃殺されたという。金勇進が実際に眼鏡を拭いたことは事実だが、金正恩が演説する間、金勇進がこくりこくりとまどろんでいると勘違いして処刑されたのかもしれないという主張も提起されている。

叔父の張成沢を処刑した理由の一つも、金正恩の演説中に張成沢が「漫然と拍手をした」であった。金正恩は無視されているという印象を相手に持つと、気持ちが特に過敏になるようだ。不快感と怒りを制御することができなくなり、情緒不安定になる姿を常に見せている。このような金正恩の不安定な情緒によって粛清が頻繁に起こっている。不安定な情緒と周りを強く疑う偏執症が重なると、粛清作業がさらに立て続けに、悲惨なやり方で行われると考えられる。

慢性的空虚感について

二〇一七年、三三歳の金正恩には祖父も祖母も、父も母もこの世にない。寄る辺のない身と言える。異母兄の金正男も二〇一七年二月一三日、金正恩の指示を受けたと推測される暗殺団によって毒殺された。実兄の金正哲は権力構造から追いやられ、弟の金正恩に「ひとかどの役割もできない私を温かく大きな懐に抱いて面倒を見てくれる大きな愛に報いる」という忠誠の手紙まで送る、非運の皇太子に転落した。たった一人の叔母の金敬姫は、夫の張成沢が甥に処刑されてから、徐々に疎遠になっていったという。

配偶者の李雪主と娘の金主愛を除き、金正恩の家族で残っているのは、異母姉の金雪松と実妹の金与正だけだ。精神的にギリギリの状態でも、金正恩には心を打ち明けることのできる家族が十分にいない状況である。

執権後、金正恩は血盟関係である中国さえ訪問しておらず〔二〇一七年一月現在〕、繰り返される核実験と人権問題で国連による制裁を受け、国際社会からどんどん孤立している。太永浩をはじめとして、高級官僚の脱北も増えている有様である。

金正恩の構想は、第一に、核兵器を急ぎ開発して国際的に核保有国家と認められることだ。第二に、これを土台にして、自らの政権を危険に晒す韓国とアメリカによる一切の軍事的行動を停止させる。そして第三に、経済復興に総力を挙げ、理想的な共産国家を建設し、死の直前まで執権する。その結果、偉大な指導者として死後も北朝鮮人民の心に永遠に生き続ける――。しかし、金正恩の構想通りに進行することはなさそうだ。

人間は、向上心と理想を持って健全な生を生きていかなければならない。そうして初めて、空虚でも憂鬱でもない、創意性を発揮した人生を送ることができる。命は限りあるものだが、心にユーモアとウィットという余裕を持ち、家族とともに生きていくことができる。

金正恩は精神的な支えとなるまともな家族関係もなく、国際社会からも孤立した状況だ。処刑を免れようと、表面だけ絶対的服従を誓う信頼できない側近に取り囲まれている。このような状態で金正恩が人生の慢性的な空虚感と憂鬱、そして不安を感じなかったならば、そのほうがあまりにも異常だと考える。

不適切で激しい怒り（Anger）、または怒りを統制する際の困難について

二〇一六年四月に平壌を訪問した藤本健二によれば、金正恩は、アメリカと外交的に問題を解決しようとしてもアメリカが北朝鮮に言いがかりを付けるので、むかついたからミサイルを発射した、と話したようだ。

頭に来て自分の怒りを抑制することができずにミサイルを発射したというのが事実であれば、怒りの適切な範囲を超えた異常な行動である。

すでに述べたが、金正恩の不適切で激しい怒りの例をもう一度紹介しよう。『東京新聞』が北朝鮮関係者の言葉を引用し報じた内容で、二〇一六年九月末に酔っ払った金正恩が別荘に軍元老を召集し、「お前たちが軍事衛星一つ造ることができなかったことは、反逆罪のような罪」と大声を出して反省文を書かせた（『朝鮮日報』、二〇一六年一二月一四日）ことだ。

いくら酔っ払ったとはいえ、三二歳の金正恩が軍元老を相手に怒鳴り、不適切に腹を立てて反省文を書けと命令したのは、自分の怒りを適切に抑制することができなかったからであると判断できる。

一過性のストレス関連性の被害妄想（Paranoid Ideation）について

金正恩の偏執症と関連する被害妄想は、彼の精神病理の一つである。

金正恩は、自分が少しでも無視されて被害を受けたと思うような状況で、たやすくストレスを爆発させる。もともと不安定な自我がさらに不安定になり、被害妄想を抱くようになると考えられる。

金正恩は二〇一二年九月、党政策を批判する際に「雑草を刈るのではなく、種まで除去しなければならない」と党幹部に告げた。また、二〇一二年一二月には軍幹部に対し、「南朝鮮の話し方や外来語、出処がない、あるいは歪曲された歌詞の曲を歌うという現状を含む不健全な要素を、萌芽（芽）からつぶすための対策を立てなければならない」と告げた、と伝えられる。このように金正恩は、少しでも自分の権力体系に挑戦する状況が発生すれば、過度のストレスを受けて被害意識を持つようになり、そうした対象について怒りを制御することができず、対象自体を完全に破壊しようとする無慈悲な攻撃性を表出すると判断される。

以上、九項目にわたる精神科的分析をもとに、筆者は金正恩を次のように診断する。すなわち、金正恩の性格は正常の範疇を完全に逸脱しており、彼は境界性パーソナリティ障害である、と。

境界線パーソナリティ障害である北朝鮮統治者の金正恩の未来は、今後どのような方向に進むのだろうか。

第Ⅲ部

金正恩の未来

北朝鮮の金王朝は金日成に始まり、金正日を経て金正恩へと権力世襲が続いている。金日成時代から北朝鮮人民に対する宣伝と煽動が行われ、それは金王朝の偶像化と絶対的忠誠を強要する集団洗脳となり、現在も続いている。このように、持続的で粘り強い集団洗脳を通して北朝鮮人民の大多数は、似非宗教集団の教祖に対する偶像崇拝のような様相を見せる集団ヒステリーに陥っていると考えられる。

アメリカの『ウォール・ストリート・ジャーナル』は、金正恩が未熟で無能であるという当初の予想と違い、計画的で老練な独裁者の姿を見せているという、次のような内容の論評を報道した（『朝鮮日報』、再引用、二〇一六年九月一九日）。

「金正恩は、祖父である金日成の統治スタイルと政策、甚だしくはファッションまで真似ている」とし、「これは、権力を堅固化するための計算された戦略」と専門家の意見を引用して報道した。報道によれば、金正恩が祖父の身なりと行動のみならず、庶民的スタイル・実用主義を模倣するのは、北朝鮮人民が金日成時代について抱いている思い出とノスタルジアを刺激するためだ。

金日成は六・二五事変後、重工業と鉱物資源開発に集中する経済政策で、北朝鮮経済を一時的に繁栄させたが、後継者であった金正日は一九九〇年代、大飢饉に直面しながらも、軍を優先する政策を拡大した。金正恩は、金日成に似ている姿と政策を真似る一方で、政敵を続けて粛清することで得た残酷なイメージとを選り分け、人民の反発をなだめる効果を狙っている。『ウォール・ストリート・ジャーナル』は、金正恩が平壌で大規模に進めている住宅と都市建設事業、そして市場経済を限定的に許容しているという点を代表的な例として挙げた。北朝鮮は伝統的に私企業活動を禁じてきたが、金正恩が市場や小規模自営業を容認することによって最近、取引が禁止されていた中国製スマートフォンが飛ぶように売れている。

官営媒体を通して間違った気象予報をした官吏を責める姿や、遊園地にしゃがんで雑草を抜くなどの素朴な姿をメディアに露出するのも同様の戦略である。金正恩は、金日成の夢でもあった核兵器開発にもさらに拍車をかけている。金日成は、旧ソ連の助けを借りて核開発プログラムを始めたが、金正日は金日成の死後、一九九四年のジュネーブ核交渉〔米朝枠組み合意〕で寧辺核施設の凍結などを合意し、核兵器を援助と安保交渉のカードに利用した。

このような金正日と違い、金正恩は核兵器に対する軍部掌握力を強化し、韓国を威嚇するための手段として積極的に活用している。金正恩のこのような統治戦略は、金正恩執権後、彼の若さと未熟さのために北朝鮮体制の急変がすぐに現れるかもしれないという予測が誤っていたことの表れであると『ウォール・ストリート・ジャーナル』は分析した。

『ウォール・ストリート・ジャーナル』の論評通り、金正恩が有能な独裁者として、祖父の金日成と父の金正日のように死の直前まで、核兵器を含む北朝鮮の軍事力と中国を利用して、韓国とアメリカに対し脅威と懐柔による交渉ができるのか、北朝鮮で強権政治をとり続けることができるのか、疑問である。「アラブの春」のように、市民革命による金正恩政権打倒を今すぐ実現するのはきわめて難しいことはわかるが、過去の金日成と金正日時代に比べ、現在はインターネットなどを通した情報共有と情報開放、そして既存秩序の没落で、一日で世の中が激変する時代である。

このように急変する世界的状況のなかで、北朝鮮の金王朝だけが人民を奴隷化し、持続的に閉鎖された社会で生き残るのは不可能だと考える。

それでは、境界性パーソナリティ障害である北朝鮮の統治者金正恩の未来は、どうなるだろうか。金正恩の精神病理をもとに、金正恩の将来について、可能性が高い順に述べてみようと思う。

一　核交渉と集団洗脳を通して暫定的に権力維持

金正恩は、核兵器の存在を利用して韓国とアメリカを相手に交渉を有利に進め、今後も相当期間、政権を維持する可能性が最も高いだろう。

金正日は一九七四年二月一三日の中央委員会で金日成の後継者、つまり党と人民の指導者として正式に確定、公表された。それから二〇余年間、金王朝の皇太子として継承する権力について指導を受けた。この教えを活かして金正日は、一九九四年七月八日に金日成が死去し、二〇一一年一二月一七日に自らも生涯を閉じるまで、北朝鮮を強圧的に統治した。

金正日はこの間に、韓国の大統領である朴正熙、崔圭夏《チェ・ギュハ》、全斗換、盧泰愚、金泳三、金大中、盧武鉉、李明博《イ・ミョンバク》と、アメリカの大統領であるリチャード・ニクソン、ジェラルド・フォード、ジミー・カーター、ロナルド・レーガン、ジョージＨ・Ｗ・ブッシュ、ビル・クリントン、ジョージＷ・ブッシュ、そしてバラク・オバマを相手にした。

金正日は、韓国の保守派大統領とも進歩派大統領とも、アメリカの共和党出身の大統領とも民主党出身の大統領とも渡り合うという、政治的に多様な経験をしてきた。どのように交渉すれば彼らから最大限の利益を得ることができるのか、自然に習得したのだろう。

金日成との二〇余年の共同統治を経て、金正日は単独で一七年間、北朝鮮を統治した。一方、韓国では現行憲法によって大統領の任期は五年に制限されている。朴正熙（任一九六三〜一九七九年）と崔圭夏（任一九七九〜一九八〇年）、全斗換（任一九八〇〜一九八八年）を除き、韓国の大統領たちが金正日をある程度把握し、南北間で十分に均衡が取れた交渉をしようとしてもすぐに任期が終了してしまう有様だった。一方、金正日は任期がない終身統治者で、韓国とは違う。金正日は、韓国が要求を聞き入れなければ挑発し、戦争というカードをちらつかせて韓国内部を分裂させ、要求を成就させる時期、すなわち話し合いが可能な政権が成立するのを待った。韓国が金正日に手を焼いた最大の理由の一つがこの問題であったと考える。

現在、金王朝三代目の金正恩が統治者として権力を引き継いでいる。韓国では大統領が李明博から朴槿恵に交代した［二〇一七年五月から文在寅《ムン・ジェイン》大統領］。金正恩も金正日のように、韓国とアメリカの大統領と交渉することで経験を積んで長期政権を維持し、韓国からは脅迫によって現金と物資を奪う方法を悟っていくだろう。

金正恩は今後、交渉経験を積み重ねて実力をつけ、核兵器の存在を背景に脅威と脅迫によって韓国とアメリカに相対し、一方で中国の弱点を巧妙に利用し、長期間にわたり権力を維持していくと考えられる。とはいえ、中国は世界第二位の強国である。北朝鮮が核問題について中国の勧告を聞かず、思い通りにできる状況ではないと考える。

中国は全長二万二〇〇〇キロメートルにわたる国境を一四ヵ国と接している。そのなかで北朝鮮は、中国の安全保障と最も密接な関係があると考えられる。

両国の国境は、［白頭山をそれぞれ水源とする］鴨緑江と豆満江という川だ。その距離は約一三〇〇キロメートル。中国には東北三省である吉林省と遼寧省、そして黒竜江省を中心に、約二〇〇万人の朝鮮族が暮らしている。

問題は、北朝鮮に急変事態が発生した場合、北朝鮮から東北三省に大量の難民が流入し、これによって東北三省が政治的、経済的、社会的に極度に不安定になり、チベットやウイグル自治区が中国からの分離独立を宣言する可能性が高いことだ。中国当局が絶対に避けたい状況が発生しうる。

中国には、北朝鮮についてもう一つ、別の深刻な問題がある。それについては、亡命から約四ヵ月後の二〇一六年一二月二七日の記者懇談会で、太永浩が次のように明確に指摘している。

中国が決断すれば、北朝鮮政権を終えるのはこともないと考える。しかし、中国は鴨緑江と豆満江に自由と民主主義、そして米軍という物理的存在を近づけないために、仕方なく金正恩政権を庇護している。金正恩政権は中国のこのような弱点をよく知っている。北朝鮮が中国に対してかなり自主的な立場を取っているのは、中国の弱点をよく知っているからだ。

金正恩は、北朝鮮内部に対しては絶えず監視と処刑などで苛酷な恐怖政治を施行し、金氏一家の偶像化作業などの集団洗脳作業で北朝鮮人民を眩惑させ、自分の権力を相当期間維持させていくと考える。

金正恩の北朝鮮人民に対する洗脳作業は、ヒトラーが率いたナチス政権の宣伝部長官だったゲッベルスの次のような宣伝、煽動と同じだと考える。

「大衆は愚かである。嘘を大きくつきなさい。誰も確認しない。煽動は文章一行で可能だが、それに反駁しようとすれば、数十枚の文書と証拠が必要である。そして、反駁しようとするとき、すでに人々は煽動されている。私に一文章だけくれ。誰でも犯罪者にすることができる。人々は一回聞いた嘘は否定するが、二回聞けばそれもありうると思い、三回聞けば、結局、嘘を信じるようになる。そして、偽りと真実を適切に織り交ぜれば、一〇〇パーセントの嘘よりさらに大きな効果を出す。大衆を熱狂させる最も強烈な方法は、怒りと憎悪の誘発である」

金正恩は、金氏一家の偶像化作業と関連して絶えず嘘をついており、北朝鮮人民が韓国とアメリカについて怒りと憎悪を持つよう、持続的に集団洗脳作業を行っている。

韓国とアメリカは、境界性パーソナリティ障害である金正恩の特徴――予測不可能な行動――によって、今後の核交渉で絶え間なくハードルに直面しなければならないと考える。

二　クーデターによる追放、暗殺

北朝鮮軍部がクーデターを試み、金正恩を追放し、金平一あるいは金正哲を統治者として立てる、もしくは、集団統治体制を樹立したとする。このとき軍部は、現在の金正恩体制下で享受している特別待遇をその後も受けられるかどうか、確信がない。もし失敗すれば、無慈悲に処刑される可能性はきわめて高い。したがって、軍部クーデターが起きる可能性は低い――このような意見がある。

しかし、金正恩は権力を世襲してから約二年の間に、人民軍将軍の人事を常に断行した。人民軍総参謀長は、李英浩から玄永哲、金格植《キム・ギョクシク》、李永吉《リ・ヨンギル》と四人も変遷し、人民武力部長も金永春から金正覚、金格植、張正男《チャン・ジョンナム》、玄永哲と五人も変わった。このように、ある日突然昇進させたと思ったら不意に降格させるなど、金正恩が予測不可能な行為を続ければ、人民軍将軍も自分の立場がいつどうなるかわからない。次第に不安が強くなるはずで、金正恩に対する反感もそれとともに高まっていくであろう。併せて金正恩は猜疑心の強い偏執症で、彼らを信頼することができない。これからも盗聴などを通して絶えず監視し、粛清を続けていくだろう。

このような状況が繰り返されれば、軍部のクーデターが起きる可能性もかなり高くなると考える。

北朝鮮で軍部クーデターを起こすのは、現実的に不可能なことではない。

前述のように、金日成時代にも一九五六年八月に宗派〔分派〕事件があった。金日成に対抗し、延安派とソ連派が共同して軍事クーデターを計画したが、金日成が事前に把握し関係者を粛清した事件である。一九九四年に金日成が死去した日にも、体制に不満を持った咸境北道清津市第六軍団司令部政治委員を中心にクーデターの試みがあったが、情報が事前に漏洩し、人民軍将軍を含む高級将校が相当数処刑されたと伝えられる。

あるいは、金正恩は大規模な軍部クーデターではなく、身近な側近によって暗殺される可能性も考えられる。

韓国では、一九七九年一〇月二六日に朴正熙大統領が暗殺された。青瓦台からほど近い、宮井洞《クンジョンドン》にある「安全家屋」〔中央情報部（現在の国家情報院）が管理、運営していた秘密宴会場〕での晩餐の席でのことだ。朴正熙の警護室長である車智徹《チャ・ジチョル》と対立していた中央情報部部長の金載圭《キム・ジェギュ》が引き金を引いた。

『朝鮮日報』〔二〇一七年二月四日付〕によれば、統一省は「一月中旬、金元弘国家安全保衛相〔二〇一六年に国家安全保衛部から「国家保衛省」に改称〕が党組織指導部の調査を受けて大将（四つ星）から少将（一つ星）に降格された後、解任され」、他にも保衛省部長〔次官〕など幹部数名が処刑されたと明らかにした。

北朝鮮の消息筋は、「金正恩が『仕事上手である』と誉めた労働党組織指導部所属課長級幹部が保衛省の調査過程で拷問と暴行で死亡する事件が発生した」「党組織指導部の報復的攻撃などが本格化して権力闘争が深くなる可能性がある」と言った。

もしこれが事実ならば、韓国の国家情報院に相当する国家安全保衛省と北朝鮮の最高権力部署である労働党組織指導部との間の権力争いで、金正恩も朴正熙元大統領と同様に側近によって暗殺される可能性も考えられる。では、このような側近による暗殺は、韓国と同様に北朝鮮でも果たして可能であろうか。

近藤大介（二〇一四）が金正日に対する暗殺が成功する可能性について、藤本健二に尋ねたことがある。藤本は次のように答えたという。

金正日の官邸に入ろうとすれば、厳重な身体検査を受けなければならないが、そのようなチャンスは多かった。金正日が食べる寿司やその他の食材に毒を盛ればよいだけの話だから。私たちが作った料理は、いわゆる毒見という慣例があって私たちが直接、先に味わうようになっていた。しかし、その慣例は形式的だったので、いくらでも毒を隠して金正日が食べる料理に盛ることができた。もちろん、そのような不忠な行為は、ただの一回も思ったことがない。

回答を検討すると、藤本は暗殺は不可能ではない、と考えているようだ。

金正日を暗殺する計画と見られる事件もあった。すでに紹介したが、改めて記述する。

二〇〇四年四月二二日、金正日は大規模な爆発事故に遭遇した。中国と北朝鮮の国境から北朝鮮側に二〇キロメートル入った平安北道龍川郡龍川駅でのことだ。爆発は、金正日が中国訪問を終え、帰国のために乗っていた一号列車が龍川駅を通過する予定の時間に発生した。金正日の帰国日程を管理した金勇三鉄道相はその後、処刑された。当時、金正日は中国政府官吏から事前に情報を入手し、暗殺を免れたという。

金正恩は誇示的な性格によって、粗末な木造船に乗って西海岸最前方にある茂島を訪問したり、無謀にもベンツを自ら運転して藤本に会いに平壌の高麗ホテルに行くなど、警護上の問題点を噴出させている。金正恩のこのような不注意な行動様相は、暗殺が成功する可能性を拡大させると考える。

三 人民蜂起による処刑

一九八九年、二四年にわたりルーマニアの圧政の中心だった独裁者ニコラエ・チャウシェスクは市民軍に処刑された。リビアのムアンマル・アル＝カッザーフィー（カダフィ）も四二年間の長期執権のなかで国民に対しあらゆる悪事を犯し、二〇一一年に市民軍によって銃傷を負い、惨めな死を迎えた。

金正恩も北朝鮮人民による市民革命によって処刑される、あるいは亡命しなければならない運命に置かれる可能性は否定できない。

金正恩は、周囲の人を疑う偏執症と予測しがたい衝動的攻撃性で幹部を常に処刑し、恐怖政治を行う一方、外部から情報が流入しないよう、徹底的に遮断して金王朝を維持しようとしている。

しかし、全世界的で急速に発展する情報産業の勢いから完全に脱し、北朝鮮だけ孤立した〝島〟に残るのは、現実的に不可能だ。

北朝鮮人民は、在外公館の職員や外貨獲得のために外国での居住経験がある労働者、脱北者あるいは北朝鮮当局の監視を避けた市場や貿易商を通じて、ＵＳＢメモリやＳＤカード、ＤＶＤを利用して韓国のドラマやニュースなどを視聴しているのだ。外部の情報に次第に目覚めているのだ。近年では北朝鮮でもスマートフォンやタブレットＰＣの利用者が急速に増加し、スマートフォン使用者は三〇〇万人以上だという。北朝鮮に情報がどんどん流入しているのが実情である。

太永浩によれば、「北朝鮮社会は、外部からの情報が遮られた条件でのみ存在可能な社会である。もし、ある瞬間に北朝鮮に外部情報が流入したとき、北朝鮮は自ら水を吸い込んだ壁面のように崩れる。そのため、北朝鮮は外部流入を遮断するべく特異な措置を取っている」という。

北朝鮮に外部情報が持続的に入ってくれば、金王朝の荒唐無稽な偶像化政策と人民に対する搾取及び人権弾圧に対する認識も徐々に広がり、結局は、北朝鮮人民の蜂起を誘発することになるはずだ。金正恩は北朝鮮人民によって処刑される、あるいは中国に亡命する状況が発生する可能性があると考える。

四　中国による排除

金正恩が中国の国家主席である習近平の言葉に耳を貸さない理由は、先に述べたように、中国が北朝鮮を必要としているという弱点を掴んでいるからである。

しかし、北朝鮮の大陸間弾道ミサイル及び潜水艦弾道ミサイル開発について、習近平はそれなりに我慢できるが、国際的に深刻な問題を引き起こす核爆弾の開発と、それを小型化して大陸間弾道ミサイルに搭載するのは、耐えがたい状況だろう。

核を搭載した大陸間弾道ミサイルを金正恩が保有することになれば、アメリカは北朝鮮を直接先制攻撃するか、あるいは中国に対し、金正恩を統制するよう、強く要求してくるはずだ。

世界各国の国家指導者は、中国がその気になれば金正恩を排除できると考えているはずだ。このような状況で金正恩が核開発に没頭し、核保有国としての地位を認めるよう求めても国際社会がこれを容認しなければ、結局、習近平は在韓米軍撤収を条件に金正恩を排除しなければならない状況に追い込まれることもありうる。

アメリカのトランプ大統領は、共和党の大統領選挙候補者だったときからすでに、北朝鮮の核問題に対して、「中国が核兵器に執着する金正恩を十分に統制することができるにもかかわらず、実行に移していない。中国を動かして北朝鮮の核問題を解決しなければならない」と主張していた。

もちろん、習近平は金正恩を排除した後、金正恩の実兄である金正哲あるいは金正恩の叔父である金平一を立て、北京の統制を受ける親中北朝鮮政府を造ることもできる。

しかし、このような状況が現実的になれば、金正恩は次に言及するように核兵器を使って自害及び他害行為をするかどうか、考え始めるだろう。

五　自害と他害

衝動的行動の予測が不可能、簡単に怒りを制御できない、自尊心が傷つくと相手に対し無慈悲な報復をする――これらが、金正恩に表出している精神病理である。このような金正恩の精神面を考慮すると、もし金正恩が権力を維持するうえで回復不能な致命的な損傷を受けたならば、核爆弾による共倒れの道を選択することもできる。

金正恩は「お前は死んで、私は生きなければならない」という考えが最優先で、次善の策として、「一緒に生きよう、しかし、お前は私の思いを尊重しなければならない」という考えを持っていると思われる。しかし、「私は死んで、お前は生きなさい」という考え方は絶対にしない。むしろ「私は死ぬが、お前を置いて死ぬことはできないので、お前も必ず死ななければならない」という思考のはずだ。したがって、金正恩は中国によって排除されようとするとき、核爆弾を通した自害及び他害、すなわち韓国と共倒れの道を選択する可能性を否定できない。

六　病死・事故死

金正恩の身長は一七一センチメートル、体重は約一三〇キログラムと思われる。前述のように体格指数（ＢＭＩ）は四四以上（正常値は二〇〜二五）で超高度肥満に相当する数値である。

金正恩は、二〇一六年五月の第七次党大会で三時間ほどにわたって業務報告書を自ら読み上げた。読み始めて一時間ほど過ぎると体を左右に振るようになり、声もはっきりしなくなり、前屈みにもなることもあった。時間が経てば経つほど、体力が落ちて苦しそうな様子が顕著であった。このような体の動きは、体重過多と関連していると考える。金正恩がスイスに留学中、友人と一緒に撮った写真がある。それを見れば、現在とは違って肥満でないことがわかる。

金正恩の体重過多は、金日成を真似るために故意に体重を増やした面もあるが、ストレスによる暴食の可能性が高いと考える。

体重過多は脳卒中、心筋梗塞を含む心臓血管系疾患、肝硬変と肝臓がんに進行しうる脂肪肝などを誘発する危険が高い。金日成は心筋梗塞、金正日は脳卒中が原因で死んだ。金正恩も急性心臓血管系疾患で他界する可能性がある。

また、金正恩は一晩でワインを一〇本も飲むなど、飲酒回数も頻繁なことが知られている。このような暴飲は、心臓血管系疾患や肝疾患をさらに悪化させる。

金正恩は禁煙に失敗し、ヘビースモーカーに戻ったと伝えられているが、これは肺がんや食道がんの危険因子になる。

金正恩は粗末な木造船に乗ったり、軽飛行機を操縦したり、自動車を運転したり、あまりにも近い距離で軍事訓練を参観することもある。病気で死亡することはなくても、無謀で誇示的な性格から、事故に巻き込まれて一生を終える可能性もありうる。

七　自殺

人間の攻撃性が他人に向かえば殺人になり、自分に向かえば自殺になる。

金正恩は、周囲の人々に対して加虐的で無慈悲な攻撃性を表わすが、その攻撃性が自分に向かうという印象はない。自殺するような人間ではない、という意味である。

もし金正恩が自殺するとすれば、その場合は、韓国とアメリカを相手に避けることができない全面戦争で敗れる、あるいは前述したように、中国が金正恩を排除することで権力を失ったときであると考える。

二〇〇六年、イラクのサダム・フセインは米軍に逮捕され、国際司法裁判所による戦犯で死刑された。金正恩がサダム・フセインのような状況に置かれれば、回復不能な自尊心損傷で怒りに堪えることはできないであろう。第二次世界大戦で敗けたドイツのアドルフ・ヒトラーのように、自殺を選ぶと考える。

日本語版に寄せて——著者

二〇一五年一一月二六日、神戸北野異人館にあるヨーロッパ風レストランで、私と妻は西宮に居住する従妹の趙善江《チョ・ヨシエ》の知人である中藤弘彦先生ご夫妻に初めてお会いした。

今回の訪日の際、私はまえもって善江に、国際政治や日韓関係を語ることができる人を紹介してくれないかと依頼していた。それが、中藤先生にお会いするきっかけになった。彼が神戸を基盤に研究・教育活動のみならず、政治活動をしているということも興味深い点であった。

中藤先生にお会いしてみると、韓国を含むアジアに対する関心が深く、社団法人アジア・インスティチュートの日本支部長も兼任し、北東アジアの平和と経済的繁栄を追求する事業に従事しているということがわかった。

現在、世界はアメリカの第四五代大統領ドナルド・トランプの執権以後、アメリカ第一主義を主張しており、ヨーロッパはEUで政治・経済共同体を形成して平和と経済的繁栄を追求している。

北東アジアでは、北朝鮮の金王朝が金日成、金正日、そして金正恩と三代続き、核と大陸間弾道ミサイル（ICBM）で韓国とアメリカ、そして日本を威嚇し、北東アジアの平和と経済的繁栄を脅かしている。

私は、北東アジアが永久的な平和と経済的繁栄を成すためには、北朝鮮が核と大陸間弾道ミサイル（ICBM）を廃棄し、漢字文化圏である北東アジアも政治・経済的に連合しなければならないと思う。

歴史的に、韓国と中国は日本帝国主義に対して否定的な感情を持っているのは事実であるが、これはすでに過去のことであり、いつまでも過去に執着しすぎて旧怨を抱き続けるということは、北東アジアの永久的な平和と経済的繁栄のためには決して望ましいことではないと思う。

私は、北東アジアの共存共栄に向けた小さな努力として、私のような考えを持った日本と中国の知識人に出会うことを求め続け、この思いによって中藤先生に出会った。

中藤先生と初めて出会った後も、北東アジアの政治・経済問題について互いに共感する点が多いことがわかるようになり、その最中に私が書いた『金正恩の精神分析――境界性パーソナリティ障害の背景を読み解く』の日本語翻訳版を出すことで意見を共にした。

核と大陸間弾道ミサイル（ＩＣＢＭ）で韓国とアメリカ、そして日本を威嚇して北東アジアの平和を危うくする北朝鮮の金正恩をかなり理性的な指導者という評価もあるが、私は決してそうではないと思う。

金正恩は、自身の権力を維持するために、叔父の張成沢に高射銃を乱射して殺し、その死体を火炎放射器で燃やした。また、人民軍将軍と高位閣僚数十名を処刑し、さらには自身の異母兄である金正男を殺すという残忍で予測不可能にして、衝動的で周辺に対する猜疑心が多く、誇示的で攻撃的な行動を見せる非正常的な性格の持ち主である。北朝鮮の独裁者である金正恩について、中藤先生の日本語翻訳版を通して多くの日本国民に、こうした事実を知っていただければと思う。

もちろん、北朝鮮の核と大陸間弾道ミサイル（ＩＣＢＭ）問題を対話と交渉で解決することが一番良い方法であるが、金正恩の非正常的な性格によって対話と交渉は、今後も険しく難しい道を歩くようになると思う。

最後に、拙書の日本語翻訳出版の労を取ってくださった、えにし書房の塚田敬幸社長にも心より感謝のお言葉を申し上げる次第である。

二〇一八年六月一日

京畿道城南市のヘス児童発達研究所にて

張景俊

参考文献

韓国語文献

곤도 다이스케 (이용빈· 노경아 옮김). 2015.「시진핑은 왜 김정은을 죽이려는가」. 서울 : 한국경제신문사.
고미 요우지 (조병희 옮김). 2014.「김정은, 누가 조종하는가 ?」. 서울 : 모닝에듀.
김승재. 2015.「인도에 등장한 김정은, 그 후의 북한 풍경」. 서울 : 선인.
다케야마 소데츠 (정용연 옮김).「김정일과 김정은의 정체」. 서울 : 심비언.
미국정신의학회 (권준수 외 옮김). 2015.「정신질환의 진단 및 통계 편람 제 5 판 -DSM-5-」. 서울 : 학지사.
박요한. 2016.「북한 핵 무력의 세계 정체성」. 서울 : 행복에너지.
변영욱. 2015.「김정은 .jpg」. 서울 : 한울.
성혜랑. 2000.「등나무집」. 서울 : 지식나라.
関川夏央 (洪元泰・盧政善・李海寧・柳鐘權 옮김). 1993.「마지막 '神의 나라' 北朝鮮」. 서울 : 聯合通信.
손광주. 2003.「김정일 리포트」. 서울 : 바다출판사.
이부영. 2011.「분석심리학 -C. G. 융의 인간심성론 -」. 서울 : 일조각.
이영종. 2010.「후계자 김정은」. 서울 : 늘품플러스.
이윤걸. 2012.「김정일의 유서와 김정은의 미래」. 서울 : 비젼원.
이한영. 2004.「김정일 로열패밀리」. 서울 : 시대정신.
장경준. 1994.「내 아기 발가락 정상이에요 ?」. 경기, 파주 : 살림.
——— 陳性桂. 2000.「- 그는 누구인가 ?- 金正日」. 서울 : 同和研究所.
전지명. 2015.「세습 3 대 김정은 시대 북한의 미래」. 서울 : 三英社.
정창현. 1999.「곁에서 본 김정일」. 서울 : 김영사.
———.「키워드로 본 김정은시대의 북한」. 서울 : 선인.
중앙일보 특별취재반. 1994.「한반도 절반의 상속인 金正日」. 서울 : 중앙일보사.
최성. 2002.「김정일과 현대북한정치사」. 서울 : 한국방송출판.
———. 2002.「김정일과 현대북한체제」. 서울 : 한국방송출판사.
황장엽. 1999.「나는 역사의 진리를 보았다」. 서울 : 한울.
후지모토 겐지 (신현호 옮김). 2003.「金正日의 요리사」. 서울 : 月刊朝鮮社.
——— (한유희 옮김). 2010.「북한의 후계자 왜 김정은인가 ?」. 서울 : 맥스.

英語文献

American Psychiatric Association. *Diagnostic and Statistical Manual of Mental Disorders, 5th Edition:DSM-5*. Arlington, VA: American Psychiatric Publishing, 2013.

Bacal, Howard A., and Kenneth M. Newman. *Theories of Object Relations: Bridges to Self Psychology*. New York: Columbia University Press, 1990.

Greenberg, Jay R., and Stephen A. Mitchell. *Object Relations in Psychoanalytic Theory*. Cambridge, Mass.: Harvard University Press, 1983.

Kohut, Heinz. *How Does Analysis Cure?* Chicago: The University of Chicago Press, 1999.

——. *The Analysis of the Self: A Systematic Approach to the Psychoanalytic Treatment of Narcissistic Personality Disorders*, Madison, CT: International Universities Press, Inc., 1989.

——. *The Restoration of the Self*, Madison, CT: International Universities Press, Inc., 1990.

Segal, Hanna. *Klein*. London: Karnac Books Ltd., 1989.

Siegel, Allen M. *Heinz Kohut and the Psychology of the Self*. London and New York: Routledge, 2007.

Summers, Frank. *Object Relations Theories and Psychopathology: A Comprehensive Text*. Mahwah, NJ: The Analytic Press, Inc., 1994.

Winnicott, D.W. *Playing and Reality*. London and New York: Routledge, 1990.

Wolf, Ernest S. *Treating the Self: Elements of Clinical Self Psychology*. New York: The Guilford Press, 1988.

翻訳に当たっての参考文献

日本語文献

李韓永（浅田修訳）『金正日が愛した女たち――金正男の従兄が明かすロイヤルファミリーの豪奢な日々』徳間書店、二〇〇一年。

李永鐘（金香清訳）『後継者金正恩』講談社、二〇一一年。

五味洋治『女が動かす北朝鮮――金王朝三代「大奥」秘録』文藝春秋、二〇一六年。

――『金正恩を誰が操っているのか――北朝鮮の暴走を引き起こす元凶』徳間書店、二〇一三年。

近藤大介『習近平は必ず金正恩を殺す』講談社、二〇一四年。

成蕙琅（萩原遼訳）『北朝鮮はるかなり――金正日官邸で暮らした二〇年』文藝春秋、二〇〇三年。

日本精神神経学会監修（高橋三郎他訳）『ＤＳＭ－５――精神疾患の診断・統計マニュアル』医学書院、二〇一四年。

黄長燁（萩原遼訳）『金正日への宣戦布告――黄長燁回顧録』文藝春秋、一九九九年。

藤本健二『北の後継者キム・ジョンウン』中央公論新社、二〇一〇年。

――『金正日の料理人――間近で見た権力者の素顔』扶桑社、二〇〇三年。

李相哲『金正日と金正恩の正体』文藝春秋、二〇一一年。

日本語ウェブサイト

太田あつし「張成沢氏罪状　穴あくほど読んでみた――朝鮮中央通信『張成沢』死刑執行　報道全文（翻訳）――」二〇一四年二月一五日、HUFFPOST BLOG〈https://www.huffingtonpost.jp/atsushi-ohta/-_66_b_4456901.html〉
「半島を知るには……――白頭密営（主体99年8月）その2」二〇一二年一月二八日、BLOG〈http://krpd.blog85.fc2.com/blog-entry-775.htm〉

日本語版に寄せて——訳者

本書の翻訳をするきっかけになったのは、著者の張景俊博士が「日本語版に寄せて——著者」で述べておられるように、私と西宮アガペー教会の趙善江教育伝道師との出会いからであった。張景俊博士とは、二〇一五年一一月二六日にご夫人の李晶秀博士とともに趙善江教育伝道師とご夫君の姜一成《カン・イルソン》牧師、そして私の妻の六人で、神戸北野異人館通りのレストランで初めてお会いした。

張景俊博士は、韓国では著名な小児精神科医であられ、同時に昨今の国際関係にもたいへん関心を持たれ、ぜひ、日本を訪ねるときは、日韓関係や国際情勢について話せる相手を探してほしいとの趙善江先生へのご依頼で、力及ばずとは言え、私に声が掛かり、光栄にも席をともにさせていただいた次第であった。

その約一年半後、ソウル出張中の姜一成牧師から今回のご著書の出版情報をいただき、その内容を確認した後、ぜひ、日本で翻訳出版をしたいとの私の申し出に張景俊博士は快諾してくださり、他方、えにし書房の塚田敬幸社長のご協力も得られ、この度の翻訳出版に至った次第である。

この翻訳作業に取り掛かったときは、まさに金正恩とアメリカとの熾烈な神経戦が始まっている絶妙のタイミングであった。それゆえ、この機を逃さないように翻訳出版を急がねばと思いつつも、その間、私の怠惰により、翻訳作業が一時中断したこともあったが、この度、ようやく出版に漕ぎ着け、安堵している次第である。

本書の翻訳に当たっては、多くの方々のお世話になった。まずは、著者の張景俊博士には翻訳作業の過程で、多くの示唆とアドヴァイスをいただき、その間、打ち合わせも兼ね、ソウル郊外の閑静なご自宅にお招きをいただき、ご夫人の李晶秀博士の手料理にもてなされ、一晩、いろいろと有意義なお話しをさせていただいた。ご夫妻には、心より感謝を申し上げたい。次に本書の翻訳出版のきっかけを作ってくださった前述の姜一成牧師、趙善江教育伝道師ご夫妻のご配慮に改めて感謝の意を申し上げる。さらに、この度の翻訳出版に快く応じてくださった、えにし書房の塚田敬幸社長には、感謝の意に堪えない。また、塚田社長にお繋ぎいただいた同郷神戸の畏友である多摩大学の藤田賀久先生の風雪に耐える友情に感謝する。今回、翻訳作業をするに当たり、参考にさせて戴いた朝鮮半島の専門家である『東京新聞』の五味洋治論説委員の数々の著書からは、多くの示唆を受けた。ソウル留学時代から永年のお付き合いをさせていただいている五味先生には、この場を借りて改めて感謝の意をお伝えしたい。さらに、私が社会福祉事業と韓国関連事業で顧問を務めさせていただいている株式会社マーテックの松井伸幸会長と松井將弘社長にはその間、多くの激励と勇気をいただき、この場を借りて感謝の意を申し上げる次第である。一方、この翻訳作業期間中も、私と妻が日曜日毎に通い、命の糧を得て勉強をさせていただいている京都キリスト召団の集会を主宰しておられる元最高裁判事の奥田昌道先生、元神戸地裁部総括判事の村岡泰行弁護士、ソニー生命保険株式会社のファイナンシャルプランナーの門司浩一氏やそこに集う多くの兄弟姉妹の方々にも感謝の意をお伝えしたい。最後に、いつも私の側でこの翻訳作業を見守り、内容と解釈確認のサポートをしてくれた私の陽気な人生パートナーの聖銀《ソンウン》に感謝する。

末筆ながら、このように多くの方々に支えられ、この度、翻訳出版の運びに至った背景には、誰しもが願う日本の隣人である朝鮮半島の人々の平和と安全を望む強い思いがあるからこそであると信じる。

中藤弘彦

二〇一八年六月三日
神戸三宮の自宅にて

訳者解説

歴史は繰り返す（History repeats itself）と言われるが、昨今の北東アジア情勢を眺めてみると、近代において周辺大国のアメリカ、日本、中国、ロシアが朝鮮半島を舞台にせめぎ合いをしていた構図が一〇〇年余り経った現在においても、再び走馬燈のように現れているように思える。しかし、当時と一つ違う点は、大国が小国の命運を左右するという構図ではなく、小国が大国の命運を左右できるという構図である。まさに北朝鮮が周辺大国を振り回し、その命運を左右しているのが現在の北東アジア情勢の構図であると理解できる。その求心力となっているものは、北朝鮮の核や大陸間弾道ミサイル（ＩＣＢＭ）の開発や保持であるとも言えるが、やはり金正恩という特異な為政者の存在によるところが極めて大きいであろう。

私は、朝鮮半島に関心を持ち始めてから三〇年余りになるが、金日成が死去すれば、北朝鮮は体制崩壊すると予測した国際政治学者や北朝鮮ウォッチャーがほとんどであったと記憶している。しかし、結果はそうではなかった。金正日の場合も同様であった。その意味で、北朝鮮は、体制崩壊しないという前提で、今後、この国の分析を進めることも必要であろう。

金正恩は、弱冠二七歳の若さで最高指導者に就いたものの、スイスで教育を受けたこの「先進的な」後継者には当初、集団指導体制による改革開放路線に踏み切るかとの国際社会からの大きな期待もあったが、それは二〇一三年に最大の後見人である叔父の張成沢を残酷極まりなく粛清してしまうことによって、その期待は完全に裏切られてしまう結果となった。なぜ、誰もが予測すらし得なかったこのような事態が起きたのか。それは、ひとえに金正恩の特異なメンタリティによるものではないかと誰しも思ったはずであろう。

一国の国際政治現象を分析する際の私の視点は、その指導者のパーソナリティや行動様式に着目するミクロ的な視点、その指導者が統治する国家の国内環境や構造に着目するメゾ的な視点、そしてその指導者を取り巻く国際環境や構造に着目するマクロ的な視点の三つである。これら三つの視点から一国の国際政治現象を複合的に分析することによって、その現象を客観的に理解することが可能であると考える。これを北朝鮮に当てはめてみると、金正恩個人の特性、北朝鮮の国内状況、北朝鮮の国際状況ということになる。まさにこれらの独立変数が複雑に絡み合って進んでいるのが北朝鮮の従属変数という現状である。

今回、著者の張景俊博士は、小児精神科医としての専門的立場から専ら金正恩の幼い頃からのパーソナリティや行動様式に着目してミクロ的な分析を行った。医学的な見地から精神分析のアプローチを取り入れ、一国の政治指導者を分析するということは、画期的な試みであると考える。

正直なところ、今後、北朝鮮や金正恩がどのような状況になっていくのかは、理論的な分析はできても、その帰結は誰にもわからない。あまりにも突然変数が多すぎるのである。私たちは、金正恩が実際のところ、どういう人物なのかもわからない。弱冠三四歳で世界をかきまわすこの人物が狂気の人間なのか天才なのかもわからない。しかし、本書を通して、金正恩の一端が少しでも理解できればと思う。

末筆ながら、六月一二日のシンガポールでのトランプ大統領と金正恩委員長の米朝首脳会談を受け、一旦、米朝間の一触即発の有事の危機は回避されつつ、現在、朝鮮半島で進んでいるかのように見える「南北融和」と今後の日朝関係のあり方に関して私事を述べることを許していただきたい。

私は文在寅大統領に直接お会いしたことはないが、彼は私の母校の一つである韓国の慶熙大学の出身でもあり、私と妻がソウルで住んでいた同じマンションの一棟に大統領就任前後の一時期に居住しておられていたというそのような不思議な縁から親近感もある。しかし、私見で恐縮ではあるが、文在寅大統領の急速な北朝鮮外交の展開と、今の韓国の極度な左傾化を牽引する彼の内政外交政策に、憂慮と違和感を覚える。私には、文在寅大統領が外交政策的に北朝鮮にあまりにも急接近しているようにしか見えない。今、なぜ、何をそこまで急ぐのかという思いである。過去、金大中大統領と盧武鉉大統領の進歩革新政権の急速な北朝鮮宥和政策は、結果的には北朝鮮に裏切られるという形で終わったことを韓国国民は十分に学習しているはずである。私の基本的立場は、韓国の進歩革新政権を否定するものでは決してないが、韓国の健全な保守政権が北朝鮮と熾烈な外交交渉を展開してこそ、朝鮮半島問題の解決への道筋とこの地の真の平和と安全が得られるというものである。その意味で、現在、弱体化している韓国の保守勢力には、エールを送りたい。そして、今、獄中におられる朴槿恵大統領と李明博大統領の復権と名誉回復を祈るばかりである。

次に今後の日朝関係のあり方に関してであるが、日本と北朝鮮の間には、拉致被害者問題という大きな課題の解決が残されている一方、北朝鮮との戦後処理というもう一つの大きな課題の解決も残されている。今回の米朝首脳会談を受け、決して急ぐものではないが、今後、始まるであろうと思われる日朝首脳会談や日朝国交正常化交渉に対しては、安倍政権には拉致被害者問題の全面的解決を最優先し、一切の妥協のない現実主義的な外交路線を取っていただきたい。今後、たとえ、日本が米韓中ロとの完全な共同歩調が取れなくとも、戦後処理という観点からは、北朝鮮は日本を決して無視できる状況ではない。その意味では、北朝鮮行きへの船に乗り遅れることは決して問題ではない。北朝鮮に対しては、日本独自の立場を最大限に活かした現実主義的な外交戦略が必要である。拉致被害者問題の全面的解決を信じ、北朝鮮への風穴を開けるべく、安倍政権には大いに期待をしたい。

二〇一八年六月一二日

神戸三宮の自宅にて

中藤弘彦

〔著者紹介〕張 景俊（ジャン・キョンジュン）

1980 年　ソウル大学医学部卒業
1987 年　ソウル大学付属病院精神科専門医、専任医師
1989 年　ソウル大学医学博士、精神科学専攻
1990 年　米国 Chicago Institute for Juvenile Research, Chicago Institute for Psychoanalysis にて小児精神科学、精神分析研修以後、高麗大学にて医療法学の法学修士号を取得し、大韓神経精神医学会常任編集委員、大韓小児青少年精神医学会運営委員、成南市特殊教育委員会委員、ソウル大学医学部外来助教授、国家公務員書記官、消費者保護院医療専門委員会専門委員を歴任した。
2000 年、「ヘス大切な子供精神科」を設立し、現在、代表院長である。
著書には、『安倍晋三の精神分析』『ホワイト・オバマ』『私の赤ちゃんの足指は、正常ですか？』がある。

〔訳者紹介〕中藤 弘彦（なかふじ・ひろひこ）

1963 年　兵庫県生まれ
学歴　中央大学文学部文学科英米文学専攻卒業
　UCLA Asian American Studies Center 修士課程修了
　慶熙大學校大學院政治學科國際政治學専攻博士課程修了
現職　（學）慶熙大學校附設國際地域研究院日本學研究所首席研究員
　（財）松下政経塾政経研究所アジア研究プロジェクト客員研究員
　（学）大谷大学文学部国際文化学科非常勤講師
　（学）神戸学院大学法学部国際関係法学科非常勤講師
　（社）アジア・インスティテュート日本支部長
　マーテックグループ株式会社幸顧問
主な研究分野は、日韓関係及び朝鮮半島情勢。
現在、神戸にて政治活動を展開中。

Emisihi Shobo

金正恩の精神分析
境界性パーソナリティ障害の背景を読み解く

2018年 6月30日 初版第1刷発行

■著者　張景俊
■訳者　中藤弘彦
■発行者　塚田敬幸
■発行所　えにし書房株式会社
〒102-0074 東京都千代田区九段南2-2-7 北の丸ビル3F
TEL 03-6261-4369　FAX 03-6261-4379
ウェブサイト　http://www.enishishobo.co.jp
E-mail info@enishishobo.co.jp

■印刷／製本　モリモト印刷株式会社
■装丁　板垣由佳
■編集協力・DTP　木村暢恵
© 2018 Hirohiko Nakafuji
ISBN978-4-908073-56-4 C0011

定価はカバーに表示してあります。乱丁・落丁本はお取り替えいたします。

本書の一部あるいは全部を無断で複写・複製（コピー・スキャン・デジタル化等）・転載することは、法律で認められた場合を除き、固く禁じられています。

周縁と機縁のえにし書房・好評既刊本

朝鮮戦争　内藤陽介 著

ポスタルメディアから読み解く
現代コリア史の原点

定価 2,000 円＋税／ A5 判／並製

朝鮮戦争の勃発――休戦までの経緯を
ポスタルメディア（郵便資料）という
独自の切り口から詳細に解説。

「韓国／北朝鮮」の出発点を正しく知る！
解放後も日本統治時代の切手や葉書が使われた郵便事情の実態、軍事郵便、北朝鮮のトホホ切手、記念切手発行の裏事情などが雄弁に歴史を物語る。退屈な通史より面白く、わかりやすい内容でありながら、朝鮮戦争の基本図書ともなり得る充実の内容。

ISBN978-4-908073-02-1 C0022

目　次